Stella Bettermann

Mama ante portas

Stella Bettermann

Mama ante portas

Mein Jahr als Hausfrau – ein Selbstversuch

Marion von Schröder

Marion von Schröder ist ein Verlag
der Ullstein Buchverlage GmbH

ISBN: 978-3-547-71130-1

Gesetzt aus Leawood
Satz: Pinkuin Satz und Datentechnik, Berlin
Druck und Bindearbeiten: Clausen & Bosse, Leck
Printed in Germany

Inhalt

Prolog

Am Anfang war die Doppelbelastung

Der Tag, an dem ich meinen Job kündigte, um ein neues Leben anzufangen, begann wie all die Tage der vergangenen Monate und Jahre: viel zu früh und furchtbar hektisch.

Um kurz vor sieben schüttelte ich meinen elfjährigen Sohn aus dem Schlaf. Sein Schranktürenknallen weckte seine vierjährige Schwester, die noch so müde war, dass sie sich, die Beine wie ein Äffchen um mich geschlungen, aufs Klo und an den Küchentisch tragen ließ. Dort saß inzwischen der Große und starrte wie in Trance in sein Schokomüsli.

Beim Pausenbrotschmieren versuchte ich, die beiden mit mantraartiger Wiederholung des Wörtchens »schneller« zum Essen anzutreiben, während mein Mann sich bereits zur Arbeit verabschieden musste. Als ich meinen Sohn gerade noch rechtzeitig aus der Haustür Richtung Schule bugsiert hatte, bestand die Kleine noch darauf, eine Runde Memory mit mir zu spielen – das hatte ich ihr am Abend zuvor versprochen. Danach wollte sie am liebsten weiterspielen, aber weil dazu die Zeit beim besten Willen nicht reichte, musste ich jetzt ein heulendes Kind ankleiden. Zum Trost und um es selbst endlich unter die Dusche zu schaffen, setzte ich sie kurzerhand vor den *Kinderkanal* und fühlte mich zum ersten Mal an diesem Tag als Versagerin.

Im Kindergarten gab es wieder Tränen. Wie jeden Morgen saßen meine Tochter und ich auf dem abgenutzten braunen Kindergartensofa und klammerten uns aneinander. Wir wussten beide, dass wir uns nicht schon am Nachmittag wiedersehen würden, so wie die anderen Mütter und ihre Kinder. Auch nicht am frühen Abend. Sondern erst so spät, dass der Kleinen schon fast die Augen zufallen würden. Oder aber, und das war wahrscheinlicher, erst wieder am nächsten Morgen, weil sie bei meiner Heimkehr längst schlafen würde.

Nach einer Ewigkeit von zehn Minuten ging schließlich ein Ruck durch meine Tochter. Mit tränennassen Wangen sammelte sie sich und sagte mit unbeschreiblicher Tapferkeit: »Okay, Mama, du kannst jetzt gehen.« Dann flüchtete sie sich auf den Arm der Erzieherin und schickte mir einen Blick nach, der Müttern den Tag verdunkelt.

Im Auto schluckte ich die Bitterkeit hinunter, hetzte durch den Morgenverkehr und schaffte es wie immer erst knapp vor der Ressortleiterkonferenz in die Redaktion. Das bedeutete: Es war keine Zeit mehr, mich mit meinen Mitarbeiterinnen kurz zu besprechen und die Tagespresse durchzugehen, ich konnte nur schnell nach Stift und Block kramen und in den Besprechungsraum eilen. Dort fand ich mich in einer Situation wieder, die ich schon aus der Schule kannte, wenn ich die Hausaufgaben nicht erledigt hatte: Ich hatte von nichts eine Ahnung. Anders als zu Schulzeiten konnte ich inzwischen aber wenigstens kaltblütig bluffen. Denn wer morgens schon zarte Kinderherzen bricht, ist durch Vorgesetzte kaum noch einzuschüchtern.

An jene Konferenz erinnere ich mich heute kaum noch, sie war wahrscheinlich nicht mühseliger als sonst. Auch mein Büro fand ich danach vor wie an jedem Tag: Auf dem kleinen Tischchen in der Ecke lag der unberührte Stapel Tageszeitungen, auf dem Schreibtisch häuften sich ausgerissene Artikel aus Illustrierten, der Wochenkalender lag aufgeschlagen neben dem Telefon, dessen Display bereits aufgeregt blinkte. Alles wie immer.

Eigentlich hätte ich jetzt den Computer anstellen sollen, Mails checken und bei meinen Mitarbeiterinnen durchrufen, um sie zu einer Besprechung zu beordern. Doch auf einen Schlag wusste ich, dass ich das nicht tun würde. Mir war plötzlich, als hätte jemand in meinem Inneren einen Schalter umgelegt. Es ging nicht mehr. Meine Berufslaufbahn würde hier, in diesem Moment, enden. Aus, Schluss, vorbei.

Vielleicht war es ein innerer Amoklauf des Muttertieres in mir, das zu lange an der kurzen Leine gehalten worden war, sich nun mit einem Ruck losriss und all das Karrierebewusstsein und Sicherheitsdenken, all den Ehrgeiz und die Vernunft über den Haufen warf. Es trieb mich schnurstracks in das Zimmer meiner Chefin.

Ich betrat ihr Büro zitternd, aber entschlossen. Es wurde kein langes Gespräch. Was ich noch weiß, ist, dass die Überraschung meiner Chefin schnell in Mitgefühl umschlug und dass sie schließlich einwilligte, mich bald aus dem Vertrag zu entlassen. Und dass ich beim Hinausgehen beinahe über meine eigenen Füße gestolpert wäre. Dann war ich frei.

Freuen konnte ich mich jetzt aber noch nicht darüber. Apathisch saß ich auf dem Drehstuhl in meinem Zimmer im siebten Stock und war total geschockt über mich selbst und das, was ich getan hatte: Alles, was ich mir beruflich in siebzehn langen Jahren aufgebaut hatte, hatte ich auf einen Schlag beendet – in nur wenigen Minuten.

*

Als junges Mädchen hatte ich mir einiges für mein Leben vorgenommen: Ich wollte alles – einen lukrativen und interessanten Job *und* eine Familie mit mindestens zwei Kindern. Ein Entweder-oder war mir als mögliche Lebensoption nie in den Sinn gekommen. Dazu war mein Kinderwunsch zu groß, ebenso wie mein Drang danach, mich beruflich auszuprobieren und mich zu beweisen. Als Tochter einer geschiedenen Mutter, die ihre Kinder mit einem Halbtagsjob und spärlichen Unterhaltszahlungen großziehen musste, war es mir außerdem viel zu riskant erschienen, mich einfach auf einen Ernährer zu verlassen.

Zum Glück lebt meine Generation ja in einer Zeit, in der für Frauen, zumindest theoretisch, Beruf und Familie vereinbar sind. Die Schwierigkeiten im Detail, die mir natürlich als aufgeklärter junger Frau klar waren, würde ich, so glaubte ich damals, durch besondere Willenskraft und Anstrengung überwinden.

Mit dreißig wurde ich zum ersten Mal schwanger, und bald stellte sich heraus, dass ich eine alleinerziehende Mutter sein würde. Da ich also der einzige Verdiener in unserer Minifamilie aus Mutter und

Sohn war, hielt ich es für besonders wichtig, meine Laufbahn mit allem Ehrgeiz weiterzuverfolgen. Verantwortung für ein Kind bedeutete schließlich auch, die finanzielle Verantwortung übernehmen zu können, fand ich. Zum Sozialamt gehen wollte ich nicht. Nicht mal eine längere Babypause kam mir in den Sinn – ich hatte Angst, den Anschluss zu verlieren, und brauchte außerdem das Geld. Sechs Monate nach der Geburt nahm ich die Arbeit wieder auf – ganztags.

Es war keine leichte Zeit, doch trotz durchwachter Nächte, immer wiederkehrenden Problemen bei der Kinderbetreuung, Kinderkrankheiten, Trotzphasen und ewig schlechtem Gewissen – ich schaffte es, irgendwie zurechtzukommen. Bald galt ich bei Vorgesetzten und Kollegen als Paradebeispiel dafür, wie Kinder und Beruf unter einen Hut zu bringen sind.

Als mein heutiger Lebensgefährte zu mir und meinem Sohn stieß und das zweite Kind kam, war ich als berufstätige Mutter bereits ein Profi. Der scheinheiligen Vereinbarkeitsdiskussion hatte ich – dank perfekter Organisation – einen ganz selbstverständlich funktionierenden Alltag entgegenzusetzen: Mein Sohn ging beispielsweise damals in die Grundschule und danach in den Schulhort. Dort wurde er um fünf von unserem Au-pair-Mädchen abgeholt, das bei uns wohnte und sich um den Haushalt kümmerte. Alles kein Problem. Und unsere Tochter besuchte ab ihrem ersten Lebensjahr eine Kinderkrippe.

Beruflich lief es recht gut. Mein Job als Redakteurin war abwechslungsreich und machte mir Spaß, die Bezahlung war ordentlich, und mit Chefs und Kollegen verstand ich mich bestens. Eines Tages wurde mir dann ein besserer Posten in einer anderen Redaktion angeboten, eine Stelle als Ressortleiterin. Mir war bewusst, dass solch eine Aufgabe Flexibilität und Einsatzbereitschaft erfordert. Aber das war ja in meinem Job als Redakteurin nicht anders. Auch da wurde es an Abgabetagen spät, und mitunter musste ich kurzfristig wegen dringender Termine verreisen. Meistens stellte das für uns kein Problem dar, schließlich war mein Mann ja auch da. Und außerdem gab es noch unser Au-pair-Mädchen.

Also beschlossen mein Mann und ich, dass ich die Chance zum Aufstieg nicht vorbeiziehen lassen sollte. Gemeinsam würden wir es schon schaffen.

Beruflich wurde es ein interessantes Jahr. Ich interviewte viele Persönlichkeiten des Zeitgeschehens, erlebte zig Konferenzen, besprach Layouts, verfasste Konzepte und Artikel. Ich setzte mich durch, verschaffte mir Respekt und Anerkennung. Es war gar nicht schwierig. Nur: Es nahm viel Zeit in Anspruch. Manchmal zwölf bis vierzehn Stunden am Tag.

Es war auch das Jahr, in dem meine Tochter drei wurde. Doch dieses dritte Lebensjahr meines Kindes habe ich wegen des Jobs fast komplett verpasst.

Dabei sind Kinder in dieser Phase einfach bezaubernd. Den ganzen Tag tänzeln und hüpfen und springen sie aufgeregt durch die Gegend, sie plappern und trällern und staunen über die Welt. Es ist ein großes Vergnügen, sie in ihrem kleinen Kosmos zu erleben, mit ihren ersten Freundschaften und all dem Stolz und der Begeisterung, die sie entwickeln, wenn sie Stück für Stück die Welt erobern. Ein Erfolgserlebnis reiht sich an das andere: Plötzlich trauen sie sich auf den Roller, aufs höchste Klettergerüst.

Auf einmal können sie ein Haus malen und Uno spielen. Und sie lachen sich vor Freude darüber halb kaputt und kugeln sich auf dem Bett herum. Doch bei meiner Tochter war ich fast nie dabei. Nur am Wochenende hatte ich Zeit für sie.

Vielleicht schmerzte das umso mehr, weil es auch viele Dinge in der frühen Kleinkindphase meines heute großen Sohnes gab, die ich nicht mit eigenen Augen miterleben konnte: Seine ersten Schritte, seinen ersten Laternenumzug – immer war ich im Büro.

Wie jede berufstätige Frau dachte ich immer mal wieder darüber nach, wie schön es wäre, mehr Zeit für die Kinder zu haben. Je stressiger dann aber mein Alltag wurde, umso öfter verlor ich mich in diesen Gedanken von einem echten Familienleben, mit gemeinsamen Abendessen, mit nachmittäglichen Ausflügen in den Tierpark oder ins Schwimmbad. Erst war es nur ein Tagtraum, so wie andere von einem Lottogewinn träumen. Nur dass *ich* mir gar keine schnellen Flitzer oder Villen mit Pool wünschte, sondern einfach nur meinen Sohn beim Handball-Auswärtsspiel erleben oder meine Tochter selber nachmittags vom Kindergarten abholen wollte.

Plötzlich tauchten Fragen in mir auf, für die ich mir nie Zeit genommen hatte: Was habe ich von der Karriere und dem guten Verdienst, wenn ich mein Leben nicht genießen kann? Wenn ich ständig im Büro bin und nicht mal in der knappen Freizeit Abstand finde – weil mich Mitarbeiter und Chefs telefonisch bis nach Hause verfolgen und ich den Kopf sowieso nie freikriege? Wozu habe ich Kinder, wenn ich sie gar nicht aufwachsen sehen kann? Und: Macht mich das Leben der berufstätigen Mutter überhaupt noch glücklich? Geht es den Frauen, die ›nur‹ Mütter sind, nicht vielleicht viel besser als mir?

Es war ein Freitag im Spätsommer, als sich dieser Verdacht schließlich bestätigte: Es gibt Frauen ohne Job, die offenbar glücklich sind. An jenem Tag konnte ich es mit eigenen Augen sehen, denn statt bis zum Abend in meinem Büro zu sitzen, hatte ich mich vormittags für ein paar Besorgungen davonstehlen können. Ein kurzer Schauer hatte am Morgen die Luft erfrischt, und obwohl die Sonne wieder durchblitzte und die Tische vor den Cafés bereits bis auf den letzten Stuhl besetzt waren, lag noch der Duft verdunstenden Regens in der Luft. Wenn man – wie ich damals – solche Sommertage vorwiegend in der siebten Etage eines Bürogebäudes mit Blick auf einen Betonhof wahrnahm, kam dieser vormittägliche Ausflug fast schon einem Naturerlebnis nahe.

Noch beeindruckender allerdings war das Leben, dass sich in den Vierteln abspielte, die ich sonst erst in den Abendstunden auf dem Weg nach Hause durchquerte: Überall konnte ich Frauen sehen, genauer: Mütter. Eine lächelte an der Ampel in den Buggy, der vor ihr stand, eine andere hatte sich die rosa Schultasche ihrer Tochter über die Schulter gehängt und marschierte händchenhaltend mit ihrem Kind ins Wochenende. Und als ich am Freibad vorbeifuhr, sah ich die Mütter neben ihrem Nachwuchs plaudernd in der Schlange stehen, bepackt mit Badetaschen und bunten Plastikschwimmwürsten.

Eine beschwingte und zugleich entspannte Stimmung lag in der Luft. All diese Frauen genossen sichtlich den Tag zusammen mit ihren Kindern. Nur ich musste wieder zurück in die Redaktion. Und als ich endlich am späten Abend aus dem Büro in die Freiheit entlassen wurde, warteten lediglich ein paar kalt gewordene Fischstäbchen auf dem Küchentisch auf mich. Mann und Kinder lagen längst in ihren Betten. Ich setzte mich an den Küchentisch, betrachtete die Fischstäbchen und wusste, dass mein Leben so nicht weitergehen konnte.

Ich fragte mich, ob ich einfach einen neuen Job brauchte. Einen, der weniger aufreibend war und nicht so zeitintensiv. Doch anstatt mich umzuhören und die Fühler auszustrecken, konnte ich mich nicht vom Fleck rühren. Es war, als hätte ich einen inneren Widerstand gegen jede Form von Lohnarbeit entwickelt. Und dann wurde mir schlagartig der Grund dafür klar: Ich wollte viel lieber als Hausfrau und Mutter leben.

Doch allein der Gedanke erschien mir zuerst so verwegen und ungeheuerlich, dass ich niemandem davon erzählen mochte. Der Weg ins Hausfrauendasein, so dachte ich, wird mich ganz schön viel Mut kosten.

✶

Am Tag meiner Kündigung hatten sich meine Lebenswünsche plötzlich verselbständigt, und ohne es beim Aufstehen zu ahnen, hatte ich noch vor dem Mittagessen meinen Job an den Nagel gehängt.

Eine volle Stunde verharrte ich danach auf meinem Drehstuhl in meinem kleinen Büro. Meine Knie waren weich, mein Gesicht fühlte sich taub an, und eine merkwürdige Ruhe breitete sich in mir aus. Dann hatte sich meine Kündigung über den Flurfunk herumgesprochen, und erste Kollegendelegationen pilgerten zu mir.

Meine jüngste Ressort-Mitarbeiterin sagte erst mal gar nichts, sondern fiel mir um den Hals. Da hätte ich fast geheult. Eine andere war ein wenig gekränkt, dass ich sie nicht ins Vertrauen gezogen hatte: »Du hättest wenigstens mal eine Andeutung machen können«, klagte sie. Und die dritte machte sich Sorgen: »Wer weiß, wen die uns jetzt als Chef vorsetzen!«

Dann kam ein Kollege aus der Graphik hereinspaziert, der mir lauthals gratulierte. »Du hattest wohl keinen Bock mehr auf den Laden«, war er sich sicher, ihm ginge das jedenfalls so. »Nimm mich mit, ich will auch hier raus.« Und der Kulturchef jammerte: »Schade, dass du gehst. Du wirst uns echt fehlen!«

Sie alle standen um mich herum und bestürmten mich mit Fragen: »Wer hat dich abgeworben?« – »Darfst du schon darüber sprechen?« – »Bleibst du in München – oder musst du umziehen für den neuen Job?«

Jetzt sprach ich es das erste Mal aus, und es klang wie ein Witz: »Ich werde Hausfrau.«

Sind Hausfrauen Aussteigerinnen?

Zu den Ritualen zwischen meinem Mann und mir gehörte all die Jahre das tägliche Telefonat von Arbeitsplatz zu Arbeitsplatz. Meist waren die Gespräche organisatorischer Natur und beinhalteten Sätze wie »Vergiss bitte nicht« oder »Denk bitte daran«. Zum Beispiel bat ich ihn in diesen Telefonaten, auf dem Weg nach Hause Milch zu kaufen, damit die Kinder am nächsten Morgen ihr Müsli essen konnten. Oder er erinnerte mich an den Elternabend in der Schule meines Sohnes. Solche Sachen.

Manchmal erkundigten wir uns auch nur, ob beim anderen alles okay war, oder wir tauschten Durchhalteparolen aus: »Nur noch zwei Tage bis zum Wochenende!« oder »Heute in sechs Wochen sind wir schon im Urlaub!«

Am Tag meiner Kündigung gab es kein solches Gespräch, denn als nachmittags die Nummer meines Mannes auf dem Display meines Bürotelefons erschien, nahm ich nicht ab. Ich wollte ihm den Tag nicht vermiesen. Und außerdem hatte ich einfach Angst vor seiner Reaktion.

Mein Mann war von meiner Idee, Hausfrau zu werden, nämlich nicht gerade begeistert gewesen. Als ich das Thema einige Monate vor meiner Kündigung das erste Mal ansprach, glaubte er sogar, ich scherze nur, und sagte, er kündige jetzt ebenfalls, denn er habe auch schon lange keinen Bock mehr zu arbeiten. Als ich jedoch immer öfter davon sprach, reagierte er, als handele es sich bei meinem Plan nur um eine kurzfristige geistige Verwirrung, und versuchte zu beschwichtigen.

»Du arbeitest doch gern«, erinnerte er mich an das, was ich all die Jahre immer beteuert hatte. »Ohne Arbeit hältst du es doch gar nicht aus!«

Den Gegenbeweis dafür hätte ich aber schon längst erbracht, erwiderte ich ihm, denn schließlich sei ich nach der Geburt meines Sohnes ein halbes, nach der Geburt meiner Tochter sogar ein ganzes Jahr lang der Arbeit ferngeblieben. An diese Zeiten musste ich jetzt immer öfter denken, als ich so über den Sinn meines Lebens grübelte: Sie erschienen mir rückblickend als die schönsten und unbeschwertesten in meinem Leben. Und das, obwohl ich die meiste Zeit mit Stillen und Windelnwechseln beschäftigt war und meine Kinder oft vor lauter Stress nicht richtig genießen konnte. Als dann aus meinen kolikengeplagten Nachtschreiern wonnige kleine Kerlchen geworden waren, mit denen man richtig Spaß haben konnte, war ich schon wieder den ganzen Tag im Büro.

Jetzt aber wollte ich endlich einmal das Muttersein so richtig auskosten und mich nicht immer nur mit den stressigen zwei Stunden am Abend zufriedengeben, in denen berufstätige Mamas versuchen, alles an Erziehung und Nähe nachzuholen, was sie tagsüber versäumt haben.

»Das würde ich ja auch gern«, meinte mein Mann dazu. »Aber es geht nun mal nicht. Man kann im Leben nicht immer einfach tun, was einem Spaß macht. Das weißt du doch.«

Er sprach immer noch mit mir, als wäre ich kurzzeitig geistig verwirrt. Insgeheim hoffte er einfach, dass sich mein Wunsch, Hausfrau zu werden, irgendwann automatisch wieder legen würde.

Es wurde aber nur schlimmer, besonders als ich versuchte, mir die Zukunft auszumalen: Ich würde meine Kinder seltener sehen, als mir lieb war, und zudem wenig Zeit für Freundinnen und Bekannte haben. Im Job würde wahrscheinlich nach wie vor alles gut laufen, eine Zeitlang würde ich wohl Ressortleiterin bleiben, später vielleicht sogar in eine noch bessere Position wechseln. Alles in allem würde mein Alltag aber mehr oder weniger so aussehen wie in den vergangenen siebzehn Jahren auch.

Dann überlegte ich, was genau passieren würde, wenn ich nun den Job aufgäbe: Ich hatte keine Ahnung! Aber genau das erschien mir plötzlich wahnsinnig spannend und interessant! Plötzlich konnte ich verstehen, was Aussteiger bewegt, die sich urplötzlich allem Vernünftigen und Vorhersehbaren entwinden, weil ihnen einfach neue Erfahrungen im Leben wichtiger sind als Geld und Erfolg.

Doch konnte man den Rückzug an Heim und Herd überhaupt mit einem freien Aussteigerdasein vergleichen? Wäre das nicht vielmehr der Rückfall in tradierte Rollenmuster, sprich: in die Unfreiheit? Schließlich würde ich mich ja in die Abhängigkeit meines Mannes begeben. Andererseits war ich von ihm ohnehin abhängig – wenn bisher auch nicht finanziell, so doch im praktischen Sinne. Denn mein Alltagskonstrukt würde ohne ihn zusammenbrechen:

Mein derzeitiger Job war ohne seine Unterstützung unmöglich, ich konnte ja schlecht fünfzig Stunden wöchentlich außer Haus sein und die Kinder dabei ausschließlich dem zwanzigjährigen russischen Au-pair-Mädchen überlassen.

Außerdem: Eine völlige Unabhängigkeit gibt es nirgends, jeder Angestellte ist ja von seinem Arbeitgeber abhängig und die Selbständigen von ihren Kunden und so weiter. Was sollte also schon so schlimm daran sein, mal eine Zeitlang von dem Menschen abhängig zu sein, mit dem man das Leben teilt?

✶

In jedem Fall wäre das Hausfrauendasein das absolute Kontrastprogramm zu allem bisher für mich Dagewesenen, und von daher war der Gedanke daran für mich aufregend. Wer weiß, was mir als Hausfrau widerfahren und wie ich mich fühlen würde?

»Das kann ich dir auch gleich sagen«, meinte eine meiner beiden besten Freundinnen. »Der Haushalt wird dich total nerven, die Kinder werden dich verrückt machen, und nach wenigen Monaten wird dein Selbstwertgefühl im Keller sein, weil dir das berufliche Feedback fehlt. Ist doch klar!«

Warum sie sich da so sicher war, blieb mir allerdings rätselhaft, denn sie war keine Hausfrau, sondern eine ewig gestresste, siebzig Stunden schuftende Krankenhausärztin mit zwei Kindern, für die sie viel zu wenig Zeit hatte. Und darunter litt sie unablässig.

Meine andere beste Freundin dagegen fand meine Fluchtpläne gut und sagte, sie könne sowieso nicht verstehen, warum ich so lebe, wie ich es tue. Dabei hat sie gar keine Kinder. Als freiberufliche Journalistin führt sie aber ein Leben, in dem zwischen den Stressphasen auch mitunter Zeit für verbummelte Tage und durchfeierte Nächte bleibt, und sie findet, das sollte jedem vergönnt sein.

»Für die Kinder wäre es jedenfalls ganz toll, wenn ich immer da wäre!«, versuchte ich meinen Mann zu überreden.

Allerdings war das genau das falsche Argument, denn prompt fühlte er sich angegriffen. Schließlich war er es ja, der sich derzeit um die Kinder kümmerte, und er fand, zu Recht, dass er das gut mache.

»Den Kindern geht's doch super«, sagte er ein ums andere Mal. »Schließlich bin ich doch da.«

Die Jahre davor war ich der wichtigste Mensch im Leben meiner Kinder gewesen. Nun aber war mein Mann schon eine Zeitlang die Hauptbezugsperson. Und offenbar hatte er die Rolle genossen: Oft sprach er darüber, dass sich sein Kontakt zu den Kindern auf diese Weise vertieft hatte und wie schön er es fand, dass er es jetzt war, der die Kleine badete und sie ins Bett brachte. Auch sein Verhältnis zu dem Großen war noch inniger geworden, seit ich permanent abwesend war. Es hatte also auch sein Gutes, dass Papa präsenter sein musste.

Wenn ich vom Büro aus anrief, um mitzuteilen, dass es später werden würde, sagte mein Mann meistens, das sei kein Problem: »Uns geht's gut.« Manchmal sagte er auch: »Wir brauchen dich gar nicht, du kannst ruhig wegbleiben.« Es machte mir nichts aus, zu Hause nicht gebraucht zu werden, solange ich wusste: Den Kindern geht's gut.

Mit der Zeit wandelte sich das aber: Es war, als

hätten sich all die Stunden, die meine Tochter mich vermissen musste, allmählich zu einer für sie nicht mehr auszuhaltenden Sehnsucht addiert. Immer öfter bestand sie darauf, mich abends noch im Büro anzurufen, und dann weinte sie in den Hörer und wollte nicht auflegen. Morgens mochte sie nicht mehr in den Kindergarten gehen. Dauernd fragte sie, wann endlich Wochenende sei, damit ich bei ihr bleiben konnte. Sie war untröstlich, weil sie mich so selten um sich hatte. Auch mein Sohn vermisste mich, doch die Kleine litt aus vollem Herzen.

Es ist schon komisch: Anscheinend sind Mütter für kleine Kinder etwas ganz Spezielles und Unersetzbares. Alle anderen Betreuer sind für die Kinder immer nur die zweite Wahl – sogar die Papis. Und umgekehrt können auch die Mütter sich schwerer von ihren Kindern loslösen, als Männer es vermögen. Zum Beispiel hört man kaum einen Vater über schlechtes Gewissen klagen, weil er Überstunden macht oder auf eine Geschäftsreise fährt. Sie vermissen zwar dann ihre Kinder – das ja, Schuldgefühle haben sie aber nicht.

Berufstätige Mütter dagegen plagt fast zwangsläufig das schlechte Gewissen, wenn sie mal länger in der Arbeit bleiben. Und weil ich das ständig musste, gehörte das schlechte Gewissen bei mir schon zum Normalzustand.

Schließlich weigerte sich meine Tochter generell, abends schlafen zu gehen, denn sie wollte auf mich warten. Und dann weinte sie sich total erschöpft in den Schlaf.

An einem solchen Abend fand ich meinen Mann mit dem schlafenden Kind gegen elf auf dem Sofa vor. Es musste wieder ein schlimmer Abend gewesen sein: Die Kleine hatte dauernd gejammert. Irgendwann war sie in den Armen meines Mannes eingeschlafen. Der hatte sich nicht getraut, sie ins Bett zu tragen, um sie nicht zu wecken, denn dann hätte das Drama von vorne begonnen.

»Du hast recht«, flüsterte er, als ich mich leise neben die beiden setzte. »So geht es nicht weiter.«

Und nun gab er auch zu, sich oft überfordert zu fühlen, weil er sich neben seinem Vollzeitjob auch noch ganz allein um die Kinder kümmern musste: »Ich lebe ja wie ein alleinerziehender Vater – das kann es nicht sein!« Also war er endlich einverstanden, dass ich kündigte.

Allerdings nicht, um ganz zu Hause zu bleiben. Viel besser sei es doch, fand er, wenn ich mir einfach einen familienfreundlicheren Job suchte, damit ich so um achtzehn Uhr zu Hause sein könne. Oder seinetwegen auch einen Teilzeitjob. Eine Auszeit als Hausfrau sei aber ausgesprochen unvernünftig.

»Was, wenn du irgendwann doch wieder arbeiten willst, dann aber nichts mehr findest?«, sagte er. »Was, wenn dich das Hausfrauenleben total frustriert? Und was ist mit deinen Rentenansprüchen?«

Als könnte man das ganze Leben immer nur nach den Rentenansprüchen ausrichten! Nein, nach Vernunft war mir gar nicht zumute, vernünftig war ich schon viel zu lange gewesen. Ich wollte viel lieber einfach mal raus und mein Leben überdenken.

Wer weiß, dachte ich, vielleicht fällt mir nach einiger Zeit ein, dass ich doch noch an meinem Beruf hänge. Vielleicht stelle ich aber ganz im Gegenteil fest, dass ich viel mehr Lust darauf habe, eine Kneipe zu eröffnen. Und vielleicht gehe ich auch im Hausfrauenleben so auf, dass ich damit weitermachen will, bis die Kinder aus dem Haus sind …

Das aber konnte ich nur herausfinden, wenn ich alle beruflichen Brücken abbrechen würde, um als Hausfrau mal das absolute Kontrastprogramm zu meinem bisherigen Leben zu fahren – sozusagen als Selbstversuch in der freien biographischen Feldforschung. Das wäre doch eine Riesenchance, argumentierte ich. Und die beste Möglichkeit, die verpasste Zeit bei den Kindern wiedergutzumachen.

*

So überlegten und diskutierten wir hin und her und fanden noch lange keinen Schluss. Und das war nach wie vor der Stand der Dinge an dem Tag, als ich Knall auf Fall kündigte.

Mein Mann nahm es trotzdem relativ gefasst auf, als ich an jenem Abend mit der großen Neuigkeit zur Tür hereinplatzte.

»Du hast es also einfach getan«, sagte er und nahm mich in den Arm. »Dann ist das jetzt eben so.«

Später, als wir noch zusammen bei einem Bier saßen, fand er es sogar ganz okay.

»Es ist zwar total verrückt, alles hinzuwerfen«, sagte er. »Aber vielleicht muss man das einfach mal ausprobiert haben. Ich hätte wirklich auch manchmal Lust, eine Zeitlang nicht zu arbeiten.«

»Jetzt bin aber erst mal ich dran«, lachte ich. »So für die nächsten drei, vier Jahre.«

»Eins«, sagte mein Mann. »Länger hältst du das sowieso nicht aus.«

»Zwei«, erwiderte ich. »Drunter geht's nicht.«

»Ich bleibe dabei: Ein Jahr, und dann sehen wir weiter«, entgegnete mein Mann.

»In Ordnung«, lenkte ich ein, »ein gutes Jahr!«

Und dann war das abgemachte Sache.

Mein Leben als Hausfrau

Die Fünfziger-Jahre-Idylle

Mein erster Tag als Hausfrau beginnt mit einem kleinen Kater. Der kommt vom Ausstand gestern Abend. Außer dem Schwips habe ich noch zwei volle Tüten mit persönlichem Kram, der sich im Büro angesammelt hatte, nach Hause getragen – das war's. Es ist also nicht viel, was ich aus siebzehn Jahren Berufstätigkeit mitgenommen habe. Den Ballast aus Stress und Druck habe ich im Büro zurückgelassen.

Als ich mich an den Frühstückstisch setze, fällt mir als Erstes ein, dass ich gar keinen Wocheneinkauf machen muss, obwohl Samstag ist. Bisher waren wir an Samstagen immer in den Supermarkt gehetzt und hatten alles nach Hause gekarrt, was wir für eine Woche brauchen würden.

Als Hausfrau aber kann ich nun an jedem Wochentag einkaufen gehen, und deshalb nehme ich mir vor, nachher einfach mit einem Korb am Arm auf den Markt zu spazieren und nur ein paar Sachen fürs Wochenende zu erstehen. Der Gedanke fühlt sich an wie Urlaub.

An die Wand über dem Küchentisch ist ein Zettel mit bunten Aufklebern gepinnt, für jeden Tag der vergangenen zweieinhalb Wochen klebt dort jetzt ein Röschen. Während meiner letzten Arbeitstage durfte meine Tochter jeden Morgen einen Aufkleber dranmachen, damit ihr klarwerden konnte: Bald muss Mama nicht mehr zur Arbeit. Dass es nach der Kündigung nur noch zweieinhalb Wochen bis zur Freiheit waren, habe ich meiner Chefin zu verdanken, die mich gleich zum Monatsende aus dem Vertrag entließ – ein besseres Abschiedsgeschenk hätte sie mir gar nicht machen können.

Wie ich da so sitze und in meinen Kaffee lächle, kommt mein großer Sohn mit zerrauftem Haar aus seinem Zimmer geschlurft und setzt sich zu mir.

»Wie findest du es, dass ich jetzt jeden Mittag zu Hause bin und was für dich kochen kann«, frage ich ihn.

Er verdreht die Augen. »Das fragst du mich jetzt das hunderste Mal!«, sagt er. »Ich find's okay.«

Er hat recht, ich habe ihm die Frage in der letzten Zeit immer wieder gestellt. Doch das lag wohl daran, dass die Antwort immer so einsilbig ausfiel.

»Begeistert scheinst du jedenfalls nicht zu sein«, sage ich jetzt.

»Geht schon«, brummelt er schließlich zögernd. »Ich kann's mir halt noch nicht so richtig vorstellen. Das war ja noch nie so.«

Stimmt, bisher war das noch nie so in seinem fast zwölfjährigen Leben.

Gerade will mich schon das schlechte Gewissen bei dem Gedanken an dieses ärmste Kind packen – da fällt mir auf, dass er eigentlich nicht wirklich erfreut wirkt bei der Aussicht, seine Mutter jetzt dauernd zu Hause anzutreffen. Den Grund gesteht er erstaunlich freimütig ein: Er und unser Au-pair, das jetzt bereits auf dem Weg zurück nach Russland ist, hatten nämlich so ein paar Geheimnisse, zum Beispiel was das unter der Woche geltende Computer- und Spielkonsolenverbot anging. Und außerdem: Er fand es ganz schön, die Stunden nach der Schule ohne Eltern zu Hause zu sein – und jetzt sieht er seine Freiheit bedroht.

Zum Trost verspreche ich ihm, nächste Woche als Erstes sein total chaotisches Zimmer auszumisten und aufzuräumen. Wenigstens darüber freut er sich mal richtig, denn sonst hätte er das bald selbst machen müssen.

Jetzt fallen auch meinem Mann diverse Dinge ein, die ich ebenfalls gleich am Montag erledigen könnte: Bei der Hausverwaltung anrufen wegen des chronisch verstopften Waschbeckens im Klo, den Küchenschrank entrümpeln, lockere Knöpfe an seinen Hemden festnähen, seine Socken sortieren und natürlich mal so richtig gründlich saubermachen bis in alle Ecken. Schließlich hätte ich ja jetzt viel Zeit dazu.

Da merke ich, dass es Zeit wird, eine Sache klarzustellen: »Ich habe meinen Job nicht gekündigt, damit es bei uns zu Hause mal so richtig sauber wird, sondern wegen der Kinder!«

»Natürlich, ganz klar, keine Frage«, sagt mein Mann. Nur – wo ich doch sowieso da sei, könne ich doch auch gleich … Und dann fällt ihm noch so einiges ein, was er als Berufstätiger zeitlich nicht erledigen kann.

Nun ja, Zeit habe ich ja jetzt wirklich – der Große kommt als Sechstklässler oft erst spätnachmittags aus der Schule oder vom Sport. Und die Kleine wird weiter den Kindergarten besuchen, denn dort sind ja ihre Freundinnen. Allerdings planen wir, dass sie den Kindergarten öfter mal schwänzen darf, und außerdem will ich sie grundsätzlich früher dort abholen, als das zuvor unser Au-pair getan hat.

Von Mama abgeholt zu werden findet sie sowieso sensationell, und sie zählt auf, wann das in dem guten Jahr, in dem sie den Kindergarten jetzt besucht, schon passiert ist: beim Sommerfest und einmal, als sie zum Zahnarzt musste.

»Aber jetzt holst du mich jeden Tag ab!«

Das hat sie auch schon munter herumerzählt, allen Erzieherinnen, den Omas, der Nachbarin, der Frau beim Bäcker …

Früher galt es als Statussymbol, wenn ein Mann es sich leisten konnte, seine Frau nicht zur Arbeit zu schicken. Auch heute ist es ein Statussymbol, aber bei einer ganz anderen Zielgruppe: bei kleinen Kindern.

Als später am Tag die Tochter der Nachbarn zu Besuch kommt, protzt meine Kleine gleich mit der Neuigkeit, dass ich sie künftig höchstpersönlich aus der Tagesstätte abholen werde. Die Reaktion hält sich etwas in Grenzen – das Nachbarskind wird auch immer von seiner Mama abgeholt und kennt es nicht anders.

Also legt meine Tochter nach.

»Meine Mama geht aber gar nicht mehr in die Arbeit«, wirft sie sich in die Brust. Da klappt der kleinen Nachbarin vor Neid die Kinnlade runter. Tja, für Kinder ist die Hausfrau eben der Ferrari unter den Müttern.

✶

Dann kommt der erste Morgen, an dem ich meine Tochter in den Kindergarten bringe und anschließend in meine Wohnung fahre statt ins Büro. Ich gestehe, es ist ein fabelhaftes Gefühl. Und, sorry, es wird noch erheblich gesteigert durch den Gedanken an die ehemaligen Kolleginnen und Kollegen und Chefs und Chefinnen, die jetzt angespannt in der Neun-Uhr-Konferenz sitzen, während ich abschalte.

Den zweiten Kaffee dieses Morgens genieße ich auf meinem Küchenbalkon, und ich bin so zufrieden, dass ich nicht mal die Zeitung lesen mag, denn der Moment will voll ausgekostet sein.

Die Herbstsonne an diesem Tag wirkt geradezu berauschend, so dass mir die merkwürdigsten Gedanken durch den Kopf gehen. Zum Beispiel: Wer sagt einem denn, dass der Mensch unbedingt arbeiten muss?! Ich für meinen Teil bin ja vielleicht gar nicht dafür geschaffen, auch wenn ich das all die Jahre nie bemerkt habe. Noch vor hundertfünfzig Jahren war Arbeit ohnehin nur etwas für die niederen Stände. Und nun muss auch ich mich zum Glück nicht weiter im abhängigen Lohnverhältnis abplagen, sondern kann endlich das Leben in vollen Zügen genießen. Ich bin also sozusagen Privatier. Vielleicht sollte ich mir sogar – total dekadent – entsprechende Visitenkarten drucken lassen? Wie ist noch gleich die weibliche Form von Privatier? Wahrscheinlich »Hausfrau«.

Dieser Gedanke bringt mich wieder auf den Boden der Tatsachen zurück, und ich nehme mir vor, etwas zu tun, was meinen Gönner – also meinen Mann, auf dessen alleinige Kosten wir zukünftig alle leben werden – erfreuen könnte. Warum also wirklich nicht mal so richtig gründlich saubermachen – bis in die Ecken?

Das hat die Wohnung übrigens bitter nötig. Die Küchenschränke sind wie mit einer schmierigen Schicht überzogen, in allen Ecken tanzen Staubflusen im Luftzug, fettige Spritzer trüben die Spiegel.

Bei der Arbeit packt mich eine richtige Wut: Wie kann es sein, dass ein Haushalt bis in jede Ritze derartig verdreckt ist, obwohl dort bis vor wenigen Tagen eine Putzfrau *und* ein Au-pair beschäftigt waren? Teures Geld habe ich all die Jahre ausgegeben, nur damit oberflächlich ein bisschen über alles drübergewischt wird.

Kein Wunder, dass die Socken der Kinder immer schon kurz nach dem Anziehen an der Sohle ganz dunkel waren – das Wischwasser wird beim Putzen ja geradezu schwarz. Ich bin mir sicher: Da hat schon lange keiner mehr richtig gründlich gewischt. Eine echte Frechheit!

Ich bin noch eifrig bei der Arbeit, als die Tür aufgeht und mein Sohn hereinspaziert. Dass ich sein Zimmer noch nicht in Angriff genommen habe, macht ihm nichts aus, und über die Nudeln, die ich koche, freut er sich – denn das Essen, das er bisher in der Hausaufgabenbetreuung bekommen hat, mochte er gar nicht. Beim Essen erzählt er von der Schule. Und als er fertig ist, kuschelt er sich sogar ganz kurz bei mir an – so was ist eine Seltenheit in seinem Alter. Offenbar findet er es doch ganz gut, dass ich da bin. Das kann man natürlich nicht einfach so zugeben, wenn man fast zwölf ist, lange Haare hat und ein Palästinensertuch zum iPod trägt. Aber er lässt es sich anmerken, immerhin.

Ans Putzen brauche ich mich aber nicht gleich wieder zu machen, die Zeit reicht nicht mal, um den Wischkübel auszulehren, denn ich will ja recht früh in den Kindergarten. Jetzt geht es nämlich mit der Kleinen auf den Spielplatz, das Kind soll schließlich etwas davon haben, dass die Mutter nicht mehr arbeitet.

Am Spielplatz ist es an diesem Nachmittag recht windig, also vertreiben wir uns die Zeit in der Stadtbücherei. Und dann setzen wir uns noch in ein Café und trinken heiße Schokolade. Wir haben einen richtig schönen Nachmittag, und als wir wieder zu Hause eintreffen, ist es schon fast sechs Uhr.

Zum Abendessen habe ich aber leider noch nichts eingekauft, sogar Milch und Eier sind ausgegangen, so dass ich nicht mal Pfannkuchen backen kann. Also muss ich noch schnell in den Supermarkt.

Nach dem Essen stellt sich dann heraus, dass sich der Große anscheinend auch einen netten Tag gemacht hat, nur mit den Hausaufgaben ist er nicht gerade weit gekommen: Die Hälfte liegt noch vor ihm.

»Da hättest du aber hinterher sein müssen, das ist doch jetzt dein Job«, sagt mein Mann. »Was hast du eigentlich den ganzen Tag gemacht?!«

Es ist das erste Mal, dass ich diesen Satz höre, und ich bin sofort auf hundertachtzig: »Was ich gemacht habe?!«, fauche ich zurück. »Sicher nicht den ganzen Tag die Beine hochgelegt und Nägel gefeilt! Ich habe die Küchenschränke geschrubbt, die Spiegel poliert, die Böden gewischt, dem Großen Essen gekocht und mich dann um die Kleine gekümmert. Das ist ja nicht gerade wenig!« In den Augen meines Mannes aber offenbar schon. »Du Ärmste«, sagt er mit ironischem Unterton. »Das muss ja schrecklich anstrengend gewesen sein!«

»Absolut!«, gifte ich zurück, und das ist nicht mal gelogen: Ich bin am Abend genauso geschafft wie nach einem Tag im Büro.

Und doch scheint meine Hausfrauenarbeit nicht richtig zu zählen, nicht mal, wenn ich mit meiner Mutter spreche.

»Was tust du jetzt eigentlich die ganze Zeit!?«, fragt sie mich alle paar Tage am Telefon.

Dann erzähle ich, was ich an dem Tag schon alles geputzt habe und wo es noch entsetzlich aussieht und dass gerade die zweite Trommel durch die Maschine läuft und ich noch einkaufen muss, bevor unser Sohn heimkommt.

»Oje«, sagt meine Mutter, und: »Ach was!«

Doch ihr Tonfall macht klar, dass sie etwas ganz anderes meint, und zwar: »Selbst schuld!« Sie war nämlich niemals eine reine Hausfrau, und dass ich jetzt diesen Weg gewählt habe, findet sie beunruhigend, sehr beunruhigend: »Du hattest doch so einen tollen Job!«

Und den habe ich in ihren Augen eingetauscht gegen – nun ja, mehr oder weniger: nichts. Zumindest für sie scheint der ganze Haushaltskram nicht zu zählen, das macht man als berufstätige Frau schließlich so nebenbei.

Es ist das ewige Hausfrauenproblem, und nun erlebe ich es am eigenen Leib schon ganz zu Anfang: Unsere Arbeit zu Hause wird von den Berufstätigen nicht wirklich anerkannt. Vielleicht liegt das auch daran, dass alles, was eine Hausfrau den ganzen Tag über macht, so vergeblich ist. Denn als ich am nächsten Morgen unserer Tochter eine zartrosa Strumpfhose anziehe und sie damit den Gang entlangrennt, sind die Strumpfsohlen schon dreckig-grau. Das kann doch eigentlich gar nicht sein, ich habe doch gestern erst gewischt!

Außerdem liegt der Boden voller Krümel, und der Tisch sieht wieder aus, als sei er mit einer schmierigen Schicht überzogen …

Es muss natürlich nicht überall klinisch sauber sein. Allerdings habe ich das Gefühl, eine glänzende und aufgeräumte Wohnung tue meinem Seelenzustand gut. Wenn alles entrümpelt ist, kann ich bestimmt noch viel entspannter durchatmen. Und jetzt, wo ich schon so vieles, was mein Leben bestimmte, über Bord geworfen habe, kann es nichts schaden, sich auch zu Hause von überflüssigem Ballast zu trennen.

Ich bin sowieso ein Mensch, der die Ordnung liebt. Wenn ich nach Hause komme, blicke ich gerne auf leere Ablagen, das entspannt mich. Unangenehm finde ich den Anblick von Dingen, die nutzlos herumliegen: kleine Poststapel und Zettel in der Küche, Schraubenzieher auf dem Sideboard, die man mal vor einer Woche benutzt und seither nicht zurückgeräumt hat, daneben Zeitschriften, die keiner mehr braucht, und zerbrochener Plastikkram, den es bei McDonalds im Juniormenü gab.

Weil berufstätige Menschen natürlich keine Zeit haben, dauernd aufzuräumen und auszumisten, habe ich den Krempel immer einfach wahllos in alle Schränke gestopft. Denn um alles akkurat dort zu schichten und zu stapeln, wo es sowieso kein Mensch sieht – so sehr liebe ich die Ordnung dann auch wieder nicht.

Nun aber mache ich mich daran, es überall so richtig nett und schön zu machen, selbst in den verwahrlosten Schränken. Schließlich bin ich jetzt Hausfrau, da ist das ja wohl Ehrensache, finde ich.

Vorher knöpfe ich mir, wie versprochen, das Zimmer des Jungen vor. Das ist harte Arbeit, selten habe ich so viel Staub und Müll erlebt. Nachträglich schäme ich mich ein bisschen, weil der arme Kerl in so einem Chaos leben musste – was ihn offenbar nie gestört hat, er liebt seine verschlampte Bude und zieht sich am liebsten sogar zum Essen dorthin zurück. Jetzt finde ich verkrustete Teller unter dem Bett – neben lange verschollenen T-Shirts und verwaisten Socken.

Die Räumerei dauert und dauert. Nach einer Woche bin ich immer noch nicht mit dem Zimmer fertig, denn leider sehen Küche und Gang jeden Tag aufs Neue aus, als sei dort seit Tagen nicht mehr saubergemacht worden. Es ist wie in dem Film *Und täglich grüßt das Murmeltier*, wo jeder Tag sich wiederholt. Bald bin ich fast nur noch am Putzen, lediglich ein einziges glückliches Stündchen am Tag gönne ich mir auf dem sonnendurchfluteten Balkon beim Mittagessen, und ich sehe bald sogar richtig erholt und gebräunt aus – obwohl ich mich abends total fertig fühle, weil die Putzerei körperlich so anstrengend ist.

Bald aber, ganz bald wird alles fertig sein, aufgeräumt und sauber und schön, und dann kann ich die Früchte meiner Arbeit so richtig genießen, zum Beispiel mit einem Buch in der Hand, ausgestreckt auf meinem Sofa, von wo aus ich den Blick über die wunderbare Ordnung in meiner schönen Wohnung schweifen lasse und mich so richtig wohl fühle.

In der Zwischenzeit frage ich mich allerdings, wo der ganze Dreck immerzu herkommt – es ist, als sei irgendwo eine versteckte Schmutzmaschine zugange, die Flusen und Schmierspuren verteilt, sobald ich den Staubsauger ausgestöpselt und das Wischwasser ausgeschüttet habe. Ich habe sogar schon ganz raue Hände und erwäge, mir rosafarbene Gummihandschuhe zu kaufen – lasse es aber bleiben, weil mir das doch etwas lächerlich vorkommt.

Die Putzerei macht mich ganz spießig, ich steigere mich da richtig rein. Mein Mann steht mir in puncto Spießigkeit in nichts nach und lobt mich für die geordnete Badablage und die blitzblanken Armaturen, bei deren Anblick man sich gleich viel wohler fühlen würde.

»Man merkt eben, dass jetzt jemand da ist, der sich richtig um das Haus kümmert«, sagt er.

Worüber ich mich freue – jeder Mensch braucht ja irgendwie ein Feedback.

Es ist überhaupt so, als befänden wir uns in einer Art Rollenspiel, das uns richtig Spaß macht, weil es noch spannend und neu für uns ist. Das Spiel heißt: Familie in den fünfziger Jahren.

Das geht so: Bevor mein Mann mich morgens zum Abschied küsst, seufzt er tief und bekundet sein Bedauern, jetzt da rauszumüssen in die harte Welt des Berufslebens.

»Du hast es gut!«, sagt er dann, und ich nicke und bemitleide ihn und bringe ihn zur Tür.

Anschließend putze und wische und wasche ich

den ganzen Tag, und abends stehen leckere Sachen auf dem Tisch: Schweinebraten oder Spinatlasagne.

Wenn er dann nach Hause kommt, seufzt er wieder und sagt: »Sei bloß froh, dass du nicht da rausmusstest.«

Und ich nicke und freue mich. Und dann erzähle ich ihm, wie gut den Kindern die Anwesenheit der Mutter tut: Dass die Kleine jetzt viel fröhlicher und unbeschwerter ist, auch den Erzieherinnen im Kindergarten ist das aufgefallen. Dass der Große jetzt immer singend nach Haus kommt. Dass ich ihm heute das liegengelassene Lateinheft in den Unterricht nachgetragen habe. Und dass ich danach mit dem Mädchen noch für zwei Stunden in den Tierpark geradelt bin, an diesem wunderschönen Herbsttag. Das schaffen nur Hausfrauen, berufstätige Mütter kriegen das nicht hin!

Ja, so reden wir dann in unserem lustigen Fünfziger-Jahre-Rollenspiel, und wenn uns jemand zuhören könnte, der uns von früher kennt – ihn würde der Schlag treffen.

✶

Weil ich zum Putzen und Kinderhüten morgens nicht derart fit sein muss wie zum Artikelschreiben, kann ich auch die Abende ruhiger angehen lassen und gehe erst viel später ins Bett. Oft lese ich noch stundenlang. Und endlich gehe ich auch wieder öfter aus.

An einem Abend treffe ich mich in großer Runde mit Freundinnen. Alle haben Kinder, alle arbeiten – entweder Teilzeit oder freiberuflich. Bisher war ich immer die Ausnahmefrau unter ihnen, weil ich so viel geschuftet habe. Jetzt bin ich wieder die Ausnahme, weil ich gar nicht mehr arbeite. Sie sagen, es sei gut, dass ich meinen gnadenlosen Job zugunsten der Kinder aufgegeben habe, aber sie finden, ganz ohne Arbeit sei das Leben doch auch nichts. Und sind sicher, dass ich das bald auch so sehen werde.

Doch ich kann mir das derzeit kaum vorstellen. Trotz der lästigen Putzerei: Ich glaube, ich halte es ewig ohne Arbeit aus. Nur eine versteht mich dabei: Andrea. Sie ist alleinerziehend und muss sehr viel arbeiten. Andrea beteuert, sie würde am liebsten mit mir tauschen. Und der Blick in ihre müden Augen sagt mir, dass dies nicht nur eine Höflichkeitsfloskel ist.

Einige Abende später treffe ich mich mit einer anderen Freundin in einer kleinen Bar. Irgendwann kommt ein Kollege der Freundin dazu, und er fragt, was ich beruflich mache.

Vor diesem Moment habe ich die ganze Zeit über ein wenig Angst gehabt. Nicht, dass es mir so wichtig ist, was fremde Menschen von mir denken. Und doch habe ich schon öfter darüber nachgedacht, wie es sich wohl anfühlen würde, plötzlich nicht mehr »Journalistin« sagen zu können. Das kam ja in der Vergangenheit immer ganz gut an, ich stand jedenfalls nicht blöd damit da. Ja, und was sage ich jetzt und vor allem: wie?

»Ich arbeite gar nicht«, posaune ich dann mutig in die entstandene Gesprächspause.

Der Mann reagiert etwas bestürzt und wünscht mir, dass sich das bald ändert.

»Das hoffe ich nicht«, lache ich ihn an.

Jetzt versteht er gar nichts mehr.

»Ich bin Hausfrau«, kläre ich ihn schließlich auf.

Es hat gar nicht weh getan.

Für den Gesprächspartner scheint mein Geständnis viel schwieriger zu sein als für mich, denn jetzt eiert er schwer bemüht herum in seinem krampfhaften Versuch, etwas Anerkennendes zu sagen.

»Hausfrauenarbeit ist doch auch eine Arbeit«, noch dazu eine sehr wichtige, wenn nicht gar die wichtigste und so weiter. Irgendwann erlöse ich ihn und gehe noch eine Runde Bier holen.

Die Hausfrau, das unbekannte Wesen

Zweimal in meinem früheren Leben als berufstätige Frau wurde ich für eine Hausfrau gehalten. Beide Male war ich darüber wütend.

Das erste Mal besuchte ich mit meinem damals noch kleinen Sohn einen Weihnachtsmarkt. Dort gab es eine Bimmelbahn, die über den Platz zuckelte und mit der er gern fahren wollte. Als wir uns in die Schlange beim Kartenverkauf einreihten, drehte sich vor mir ein bärtiger Mann um und rief meinen Namen.

Ich brauchte einige Zeit, um den Rauschebart als Klaus, einen ehemaligen Nachbarsjungen und Klassenkameraden, zu identifizieren. Mittlerweile hatte er Zwillingstöchter und war außerdem Chef seiner eigenen Kfz-Werkstatt, wie er stolz verkündete. Nach meinem Beruf aber fragte er gar nicht erst, der schien ihm mit einem Blick auf meinen kleinen Sohn zweifelsfrei klar zu sein.

»Und du bist jetzt also Hausfrau!«, stellte er fest.

Ich war geradezu empört. Wie konnte nur jemand allein wegen der Existenz eines Kindes sofort die Schlussfolgerung ziehen, diese Frau müsse Hausfrau sein – ja, wo leben wir denn und vor allem: in welchem Jahrhundert?!

Das nächste Mal – es war ein paar Jahre später – wurde ich in meiner Bank mit einer Hausfrau verwechselt. Ich hatte gerade einen freien Tag und meine Tochter im Buggy bei mir, und am Schalter stand ein junger neuer Mitarbeiter: aufdringlich männliches Aftershave, stark zurückgegelte Haare, Bubigesicht.

Wegen irgendwelcher Formulare mussten an jenem Tag meine persönlichen Daten aktualisiert werden. Als der Jungspund am Schalter beim Oberpunkt »Beruf« angelangt war, wanderte sein Blick zunächst nach unten zu dem Kleinkind im Buggy, danach zu mir, und dann sagte er mit größtmöglicher Herablassung: »Als Beruf trage ich wohl Hausfrau ein?«

Was man an diesen – zugegebenermaßen nicht repräsentativen – Vorfällen erkennen kann? Erstens: Der Begriff Hausfrau wird in Deutschland nach wie vor oft als Synonym für Frau mit Kind geführt. Und zweitens: Das Hausfrauendasein genießt kein hohes gesellschaftliches Ansehen.

Mir war auch ganz klar, warum, denn ich selbst hielt ebenfalls nicht gerade viel von Frauen, die keinen Beruf ausüben (was sicherlich der Grund war, warum ich so aufgebracht darüber war, für eine solche Frau gehalten zu werden). Im Gegenteil, ich bedauerte sie insgeheim sogar. Sie kamen mir vor wie wandelnde Anachronismen, die es nicht geschafft hatten, etwas halbwegs Interessantes aus ihrem Leben zu machen. Ich konnte überhaupt nicht verstehen, warum sie darauf verzichteten, eigenes Geld zu verdienen, und sich stattdessen in die Abhängigkeit eines Ernährers begaben, den sie womöglich um Erlaubnis fragen mussten, wenn sie sich neue Schuhe kaufen wollten.

Insgeheim hielt ich sie für zu unfähig oder zu faul, selbst arbeiten zu gehen.

Die Gründe, die mir Hausfrauen – sofern ich mal einer begegnete – für ihren biographischen Schritt an den häuslichen Herd nannten, waren für mich alle nicht nachvollziehbar. Manche zum Beispiel sagten, dass es sich für sie gar nicht lohne, wieder in ihren Job einzusteigen, weil sie dort weniger verdienen würden, als die Familie jetzt über das Ehegattensplitting einnehme. Wie jämmerlich, fand ich, wenn eine Frau nicht in der Lage ist, ein einigermaßen ordentliches Gehalt zu verdienen.

Andere begründeten ihren Schritt mit Problemen bei der Kinderbetreuung. Zum Teil konnten sie sich diese nicht leisten (was wiederum mit zu niedrigen Frauengehältern zu tun hatte), oder sie konnten angeblich keinen adäquaten Betreuungsplatz ergattern (was ich für eine faule Ausrede hielt, denn alle, die wirklich mussten und wollten, fanden doch auch irgendwelche Lösungen).

Und dann gab es noch die Hausfrauen, die es gar nicht ohne ihre Kinder aushalten konnten und dauernd betonten, diese brauchten sie doch noch so sehr. Das war die Kategorie, die mir am meisten auf die Nerven fiel. (Was wahrscheinlich eine reine Abwehrhaltung war. Damals war mir noch nicht bewusst, dass auch ich aus dem gleichen Grund mal meinen Job aufgeben würde.)

Ich fand übrigens nicht, dass die Hausfrauen, die mir begegneten, ihre Aufgaben besonders gut erfüllten. Jedenfalls schienen mir weder ihre Kinder ausgeglichener oder glücklicher noch ihre Wohnungen sauberer und ordentlicher zu sein. Einige der Hausfrauen-Wohnungen, die ich gesehen hatte, wirkten tatsächlich sogar, als sei eine Bombe darin detoniert. Dagegen sah es bei uns dank Au-pair und Putzhilfen aus wie in der Meister-Proper-Werbung.

Natürlich ließ ich mir nie anmerken, was ich wirklich von Hausfrauen hielt, sondern heuchelte Verständnis für ihre Beweggründe, dem Büro fernzubleiben, und behauptete, es sei ja ganz egal, wie jemand lebt. Hauptsache zufrieden. In Wahrheit hegte ich insgeheim Verachtung für diese Frauen. Ich schaffte es doch auch, arbeiten zu gehen und gleichzeitig meine Kinder zu erziehen.

*

Meine Abwehrhaltung den Nur-Müttern gegenüber war kein Wunder – Solidarität unter Frauen ist nun mal keine Realität, sondern reine Utopie. Am wenigsten Frauensolidarität aber herrscht immer noch zwischen Hausfrauen und berufstätigen Müttern. Das kommt vielleicht daher, weil sie sich oft insgeheim gegenseitig beneiden – und das aber schlecht zugeben können. Denn ihre Lebensentwürfe sind nicht nur völlig konträr, sie basieren sogar darauf, sich von dem der anderen abzugrenzen.

Beide haben dabei das Gefühl, sie opferten etwas: die Hausfrau ihr Ego und ihren Ehrgeiz, die berufstätige Mutter ihr Muttergefühl und jeden Moment persönlicher Freizeit.

Um das zu verarbeiten, machen die Berufstätigen dumme Witze auf Kosten der Hausmütterchen. Ein Beispiel: »Die haben es aber gut, die Hausfrauen, den ganzen Tag faul am Spielplatz rumhängen, und abends muss der Mann die Kinder ins Bett bringen, damit sie zum Yoga gehen können, denn die Ärmsten kommen ja sonst nie aus dem Haus. Haha!«

So etwas sagen sie natürlich nie, wenn eine Hausfrau anwesend ist, trotzdem merken die Hausfrauen ihnen diese Haltung an.

Die Hausfrauen dagegen übertragen ihren Neid in geheucheltes Verständnis gegenüber den Berufstätigen: »Klar geht das mit dem Arbeiten. Wenn es sein muss. Damit müssen die Kinder dann eben klarkommen.« Was sie eigentlich meinen, ist: »Deine armen Kinder müssen jetzt darunter leiden, dass du Egoistin dich beruflich verwirklichen willst.« Und genau das hört die berufstätige Mutter natürlich sofort heraus.

Näher kommen sich die beiden dadurch natürlich nicht wirklich. Daher lerne ich die Hausfrauen erst besser kennen, als ich selbst eine bin.

Es gibt (mindestens) sieben Typen.

1. Die getarnte Hausfrau

Zunächst stelle ich fest, dass die Frauen, die ich für Hausfrauen halte, sich selbst tatsächlich oft gar nicht als solche betrachten. Eine, die ich kennengelernt habe, bezeichnet sich nämlich stattdessen als Malerin, und eine andere sagt, sie sei Schriftstellerin. Dass beide seit Jahren (fast) keine Zeit mehr für ihre Kunst aufgebracht und diese sowieso von jeher komplett unentdeckt von der Weltöffentlichkeit ausgeübt haben, irritiert sie dabei nicht im geringsten.

Hausfrauen wollen übrigens auch all jene nicht genannt werden, die einen oder auch nur einen halben Tag in der Woche arbeiten. Ebenso wie alle Frauen, die als Freiberuflerinnen nur ganz sporadisch Aufträge annehmen oder mal eine Urlaubsvertretung in ihrer alten Firma machen. Und nicht mal die Frauen, die ganz selten mal bei ihrem Mann in der Firma aushelfen, wollen offiziell Hausfrauen sein.

Das liegt vielleicht daran, dass der Beruf Hausfrau nicht gerade ein super Image genießt. Allein schon das Wort hat so einen biederen Klang. Und noch gibt es keinerlei passable Alternativen, denn der Ausdruck »Familienmanagerin«, der derzeit als vermeintlich aufwertendes Synonym gebraucht wird, ist wiederum so lächerlich anbiedernd wie der Begriff »Raumpflegerin« für eine Putzfrau.

Man kommt jedenfalls mit der Berufsbezeichnung Hausfrau nicht gerade gut weg, wenn einem das Gegenüber ein stolzes »Neurochirurgin« oder »Rechtsanwältin« oder auch ›nur‹ »Flugbegleiterin« entgegenschleudern kann. Auch bei dem Ausdruck Nur-Mutter steht die Betreffende vor einer Frau, die *nicht nur* Mutter ist, naturgemäß schlechter da. Vielleicht ist das ja auch der Grund, warum nur fünfzehn Prozent der Frauen sagen, dass sie gern Hausfrau sein möchten (und es tatsächlich viel mehr sind).

2. Die Fun-Hausfrau

Es ist keinesfalls so, dass nur Frauen zu Hause bei den Kindern bleiben, die sonst nichts können. Nicht in Deutschland. Hier ist der Anteil der Frauen, die ab dem ersten Kind einfach jahrelang als Nur-Muttis leben, obwohl sie eine gute Ausbildung genossen haben, besonders hoch.

Warum das so ist, darüber wird von Soziologen und diversen anderen Familienexperten seit Jahren spekuliert. »Vielleicht, weil Kinderbetreuungsplätze bei uns so rar sind«, sagen die einen. Und weil das schlechte Gewissen der Mamas gegenüber ihren Kindern hierzulande besonders ausgeprägt ist, gibt es doch nirgends sonst den vernichtenden Ausdruck Rabenmutter, mit dem arbeitende Mütter abgekanzelt werden können. Oder es liege an der Möglichkeit des besonders langen Erziehungsurlaubes, wie er nur bei uns in dieser Form existiert und der die Mütter bekanntermaßen vom Wiedereintritt ins Erwerbsleben eher abhalte, statt sie hinzuführen, meinen andere.

Doch das erklärt das Phänomen nicht ganz. Und während die Fachleute noch rätseln, warum die gut ausgebildete deutsche Mutti so gern zu Haus hockt, habe ich darüber meine ganz eigene Theorie: Es macht ihr Spaß. Und Spaß ist es, worauf es diesem Frauentypus im Leben ankommt.

Denn diese Frau gehört der Fun-Generation an. Aufgewachsen ist sie in einer Zeit des Wohlstands, und sie weiß, wie man das Leben genießt: Sie hat die Welt bereist, kann Golf spielen, surfen, Snowboard fahren. Ihr erstes Studienfach hat ihr damals nicht so zugesagt, erst beim dritten Versuch war das Richtige für sie dabei, kurz: Im Job stand sie erst in ihren späten Zwanzigern. Doch auch da hat sie das Leben gefeiert, mit Wochenendtrips und auf Partys.

Für Nachwuchs fühlte sie sich oft erst rund um den fünfunddreißigsten Geburtstag reif, jetzt aber will sie die Mutterrolle voll auskosten – jahrelang. (Ihr Mann bliebe übrigens genauso gern zu Hause bei den Kindern. Er gehört ja der gleichen Generation an, und außerdem hat er eigentlich gar keine Lust darauf, ganz allein für das Familieneinkommen verantwortlich zu sein. Aber noch trauen sich nicht so viele in die Hausmannrolle. Und Frauen sind im Konkurrenzkampf um die Stelle beim Kind durch die Stillerei am Anfang außerdem eindeutig im Wettbewerbsvorteil).

Es macht sich natürlich nicht toll im Lebenslauf, wenn eine Frau fünf oder zehn Jahre aus dem Job ausgestiegen ist (oder wenn sie nur einen Wochentag arbeitet, siehe oben). Doch der Lebenslauf hat diese Frau noch nie wirklich gekümmert. Sonst hätte sie ja auch früher nicht ihr BWL-Studium geschmissen, um sechs Monate lang auf Paros zu kellnern. Also macht sie sich jetzt einfach mit den Kids locker.

Außerdem ist noch lange nicht gesagt, findet sie, dass sie später nicht doch wieder ihren alten Job machen kann und irgendwann sogar noch aufsteigt (wenn sie das dann will). Durch den Nachwuchsmangel in der Zukunft müsse nämlich die Generation fünfzig plus, der sie dann angehören wird, doch total gefragt sein. Und wenn nicht, dann macht sie sich eben mit einem Internet-Modeversand oder einem Café selbständig.

3. Die Asi-Hausfrau

Sie hat im Gegensatz zur Fun-Hausfrau tatsächlich oft nichts Ordentliches gelernt. Und auch als Mutter verhält sie sich nicht gerade professionell. Oft qualmt sie den ganzen Tag die Bude voll, setzt ihren Kindern Fertigkost vor und lässt sie stundenlang vor der Glotze hocken. Das klingt zwar nicht wirklich anstrengend, trotzdem fühlt sie sich total überfordert. Darum lädt sie mitunter Mitarbeiter von RTL zu sich ins Haus, die ihr beim Kindererziehen helfen sollen. Das beschert dem Sender enorme Einschaltquoten, denn angesichts des Alltags der Asi-Hausfrau fühlt jeder Zuschauer sich gleich viel besser.

4. Die Luxushausfrau

Sie klingt wie ein reines Klischee, aber es gibt sie tatsächlich, und zwar nicht selten. Sie hat auch nicht unbedingt allzu viel gelernt, doch das hatte sie gar nicht nötig, denn sie sieht nicht nur gut aus, sie ist auch noch schlau. Schlau genug jedenfalls, sich einen finanzkräftigen Mann an Land zu ziehen. Jetzt genießt sie das Leben in vollen Zügen: Den Haushalt erledigen Fachkräfte, das Kind – meist bleibt es bei einem, denn wozu sollte sie sich mehr Stress machen als unbedingt nötig – wird in besten Institutionen erzogen. Schließlich braucht sie ja Zeit für ihr Pferd, wahlweise zum Golfen. Des Weiteren beschäftigt sie sich mit Shopping, dem Testen diverser Fitnesstrends, Kurztrips und der permanenten Umgestaltung und Neueinrichtung ihrer Domizile und Ferienhäuser.

Ab vierzig gerät sie dann in eine leichte Sinnkrise, die sich aber durch kosmetische Operationen beziehungsweise das Eröffnen einer Schmuckboutique oder eines Mutter-Kind-Cafés (natürlich auf Kosten des Ehemannes) beheben lässt. Wird sie gegen eine Jüngere und Schönere ausgetauscht, überlebt sie auch diese Krise dank üppiger Unterhaltszahlungen meist recht gut.

5. Die perfekte Hausfrau

Die existiert eigentlich nicht mehr. Die Hausfrauen, die ich kenne, fühlen sich von der Hausarbeit nämlich latent überfordert. Und weil Sauberkeit und Ordnung heute definitiv nicht mehr zu den Dingen gehören, auf die man sich etwas einbilden kann (im Gegenteil, viele Menschen finden Ordnung ungemütlich und sagen, Sauberkeit sei nur etwas für zwanghafte Persönlichkeiten), werden sie ihren Ehrgeiz bestimmt auch weiterhin nicht darauf richten.

Meine Großmutter dagegen war noch eine perfekte Hausfrau. Ihre Hackbällchen hatten eine geschmackliche Perfektion erreicht, wie ich sie danach nie wieder kosten durfte. Erwähnenswert ist hier außerdem der Wäscheschrank meiner anderen Oma (die übrigens auch eine hervorragende Köchin war). Dieser Wäscheschrank jedenfalls war so wohlgeordnet und duftete so herrlich nach Lavendel, dass man am liebsten Stunden davor verbracht hätte.

Ich glaube kaum, dass eine Frau meiner Generation je solch einen hausfraulichen Perfektionismus erreichen könnte wie meine beiden Omas. Das ist auch gut so, denn dann brauchen wir uns deswegen auch gar nicht erst unter Druck zu setzen. Und so lebt die perfekte Hausfrau nur noch in Kindheitserinnerungen weiter.

6. Die frustrierte Hausfrau

Sie will eigentlich gar keine Hausfrau sein, sagt sie. Aber es gibt ja im Ort keine Krippe. Oder: Der Kleine ist sensibel und akzeptiert keine andere Bezugsperson. Oder: Die Tochter ist zu schwach in der Schule, als dass man sie in einen Hort stecken könnte. Oder: Der Weg ins Büro ist zu weit.

Und deshalb muss sie zu Hause sein. Und, oje, wie sie das nervt. All die Wäsche und die Putzerei und dann immer diese verflixten Hausaufgaben der Kinder: Sie findet, es sei kaum auszuhalten. Wenn man nachfragt, welchen tollen Job sie für das reine Mutterdasein aufgegeben hat, stellt man oft fest, dass sie dort ebenfalls unzufrieden war. Und überhaupt ist sie immer nur gefrustet, egal was sie tut. Deswegen sollte man ihr am besten einfach nicht zuhören.

7. Die Am-Ziel-ihrer-Träume-Hausfrau

Sie ist ziemlich unauffällig und völlig normal, deswegen ist mir lange gar nicht aufgefallen, dass es sie überhaupt gibt beziehungsweise was sie von den anderen unterscheidet. Dies sind die fünfzehn Prozent der Frauen, die in Umfragen zugeben, dass sie tatsächlich Hausfrauen sein wollen.

Mit dieser Haltung gehen sie natürlich nicht auf Partys hausieren, und berufstätigen Müttern geben sie diese natürlich erst recht nicht preis. Ihnen gegenüber behaupten sie, dass sie irgendwann wieder in ihren Job einsteigen werden. Doch das haben sie noch nicht so bald vor, falls überhaupt.

Schon als junge Mädchen wussten sie, dass sie einmal einfach nur Mutter sein werden, deshalb haben sie sich nicht erst groß mit einer Karriere abgeplagt, sondern haben einfach eine Lehre gemacht oder Sprachen studiert – es war ja alles nur für eine Übergangszeit. Ihr Lebensinhalt ist es einfach, Kinder zu haben. Familienleben statt Berufsleben und basta.

Früher habe ich, wie oben erwähnt, auf Hausfrauen herabgeblickt. Ich dachte, das sind die Dummen. Mir war überhaupt nicht klar, dass ich die Doofe war – zumindest in den Augen der Am-Ziel-ihrer-Träume-Hausfrau. Denn sie empfindet es als absolutes Privileg, zu Hause bleiben zu können.

»Wir sind hier in der Siedlung ein paar, die zum Glück so leben können«, weihte mich kurz nach meiner Kündigung eine Bekannte im Ton der Verschwörung in den Kreis ein. Und eine andere, die ich mal fragte, wann sie plane, wieder ihren Job als medizinisch-technische Assistentin auszuüben, stimmte ein glockenhelles Lachen an, als hätte ich einen gelungenen Witz gemacht.

»Ich werde bestimmt nie wieder arbeiten«, sagte sie dann, und es lag große Selbstzufriedenheit in ihrem Ton.

Natürlich haben diese Frauen ihre materielle Sorglosigkeit einem Mann zu verdanken, aber anders als die Luxushausfrau waren sie nie auf einen reichen Typen aus – er soll nur einfach eine Familie ernähren können. Dafür sind sie auch bereit, mit dem Geld, dass er mitbringt, zu haushalten und sich einzuschränken, wenn es sein muss. Was ihnen wichtig ist: Sie wollen ihren Job bei den Kindern perfekt machen können. Sich Zeit nehmen für sie, bei den Hausaufgaben helfen und einfach selbst am Bett sitzen, wenn ein Kind die Grippe hat. Sie halten die Familie hoch. Und warum auch nicht?

Die Dilettantin

Ein paar Tage lang wundere ich mich über die Hemden, die mein Mann trägt. Es sind seine kurzärmeligen Sommerhemden, die er über langärmelige T-Shirts im Büro anzieht. »Du läufst rum, als würdest du neuerdings in einer Disco als DJ arbeiten und nicht mehr als Maschinenbauingenieur«, spotte ich eines Morgens. Er wirft mir nur einen leichtgequälten Blick zu. Da geht mir plötzlich ein Licht auf: Die gebügelten Hemden gehen aus.

Das Hemdenbügeln war bisher ein sensibles Thema in unserer Partnerschaft, denn diese Tätigkeit erschien mir stets als der Inbegriff weiblicher Unterordnung. Das Wäschewaschen war nie ein Problem, das taten wir immer abwechselnd. Ein Bügeleisen nahm ich aber nie in die Hand. Solange ich noch berufstätig war, lautete mein Credo immer: Mein Stundenlohn ist eindeutig zu hoch, um als Bügelhilfe tätig zu werden.

Mein Mann kennt meine Einstellung, und er ist nicht interessiert an Grundsatzdiskussionen. Deshalb verschob er es zunächst, das Thema anzusprechen, nachdem wir unser Au-pair, das bisher mit der Wäsche betraut war, entlassen hatten. Und jetzt ist sein Schrank fast leer.

Ich könnte ihm natürlich eine günstige Reinigung empfehlen. Oder ihm vorschlagen, seine Klamotten doch ab jetzt gefälligst selbst zu plätten. Nur: Heute beziehe ich gar keinen Stundenlohn mehr, sondern bin abhängig von meinem Mann. Denn ich bin ja jetzt Hausfrau. Und eine der Hauptbeschäftigungen von Hausfrauen ist nun mal das Bügeln. Da muss ich jetzt wohl durch.

Große Erleichterung ist die Reaktion, als ich also meine neue Bügelbereitschaft preisgebe, und umgehend wird mir ein ganzer Schwung Oberhemden in die Arme gedrückt, den ich kaum umklammern kann. Es ist sicher nur ein Kinderspiel, die Teile jetzt ratzfatz zu glätten.

Als Erstes merke ich, dass unser Bügelequipment ziemlich veraltet ist: Das Bügeleisen habe ich gekauft, als ich als junges Mädchen von zu Hause auszog. Zwanzig Jahre muss das jetzt her sein. Und dieses Teil habe ich die ganze Zeit unseren armen Haushaltshilfen zugemutet! Eine Dampfvorrichtung jedenfalls ist in dem Gerät nicht integriert. Immerhin besitzen wir einen Zerstäuber, mit dem ich die Wäsche befeuchten kann. Es kommt aber, egal wie lange ich an der Sprühvorrichtung drehe, statt eines zarten Nebels nur ein harter Strahl aus der Düse. Zum Glück kommt da mein Sohn nach Hause, der den Wassersprüher mit einem Handgriff richtig einstellt – und mich dabei verachtungsvoll anblickt. Es kann also losgehen.

Schnell entpuppt sich das Bügeln als echter Kampf. Der Stoff rutscht unablässig vom Brett, als wolle er entschwinden, das heiße Eisen faucht auf der feuchten Unterlage, Dampf beißt in den Augen.

Nach einer Stunde und zwei Brandblasen gebe ich auf. Ich habe richtig schlechte Laune. Drei Hemden kann ich ordentlich zusammengelegt in den Schrank räumen, bleiben noch etwa siebenundzwanzig. Bei dem Tempo dürfte ich bis zum Jüngsten Tag brauchen.

Zum Glück stehe ich noch am Anfang meiner hausfraulichen Tätigkeit, sonst wäre ich jetzt ziemlich frustriert: So einiges, an dem ich den ganzen Tag werkle, führt nicht zum gewünschten Erfolg.

Da ist zum Beispiel das Reinigen des Bades. An sich möchte man meinen, dass man dabei nicht viel falsch machen kann. Ich kann das aber sehr wohl: Zum Beispiel wird bei mir die Badewanne nie so richtig sauber, obwohl ich wie ein Weltmeister schrubbe. Glänzend sieht sie aber nur aus, wenn ich gerade nachgespült habe. Sobald sie trocknet, wirkt sie wieder stumpf.

Also spüle ich noch mal nach. Doch leider geht jetzt etwas vom Duschstrahl daneben, und das halbe Badezimmer steht unter Wasser.

Einmal nehme ich mir die Kacheln über der Wanne vor, die müssen ja auch mal entkalkt werden, so habe ich das früher immer wieder unseren Putzhilfen gepredigt.

Ich steige also barfuß in die Wanne und verteile die Scheuermilch in großen Spritzern. Dann scheuere ich kräftig darauf herum und spüle mit viel Wasser nach. Als ich wieder aus der Wanne klettere, stelle ich fest, dass meine Füße darin Spuren hinterlassen haben, also muss ich mich wieder bücken und sie mit dem Putzschwamm wegwischen.

Ganz vorsichtig fragt mein Mann am Abend nach,

ob ich denn mal bitte das Badezimmer putzen könnte.

»Aber das habe ich heute doch gemacht!«, antwortete ich. »Sieht man das denn nicht?!«

Nicht wirklich: An einer Stelle des Wannenrandes ist noch immer ein gelblicher Streifen erkennbar, da habe ich wohl vergessen, richtig zu schrubben. Und die Kacheln sind alle ganz stumpf.

»Du nimmst zu viel Scheuermilch«, berät mich mein Mann. »Versuch's doch mal damit«, sagt er und kramt unter unserer Spüle einen Sprühbehälter hervor. Es ist ein handelsüblicher Badreiniger.

»Damit funktioniert die Sache viel besser«, erklärt er fachmännisch, »weil da so eine klare Flüssigkeit drin ist, die den Kalk ohne aufwendiges Rumscheuern löst. Man kann sie ganz leicht runterspülen, und schwupps: alles glänzt.«

Ich bin sprachlos.

»Kennt jeder«, setzt er noch einen drauf.

Außer mir.

Meine Erfahrungen mit dem Putzen reduzieren sich nämlich auf eine ganz kurze Zeitspanne in den späten achtziger Jahren, als ich meine erste WG bezog. Damals war eben noch Scheuermilch üblich. Neuerungen im Bereich der Putzwissenschaft sind dann völlig an mir vorbeigegangen, weil ich schon bald meine erste Putzfrau beschäftigte.

Als Nächstes verstopfe ich versehentlich den Staubsauger, als ich dabei bin, unter den Regalen zu saugen. An sich ein Unterfangen von mustergültiger Intention – ich will es in allen Ecken, auch den verborgenen, sauber haben. Allerdings hätte ich vorher überprüfen sollen, ob größere Gegenstände unter den

Regalen liegen. Das habe ich leider in meinem Eifer versäumt. Und deswegen kommt es dann zu einem vernehmlichen »Plopp«, woraufhin der Staubsauger ein wehleidiges Jammern anstimmt, gleichzeitig aber jede Saugleistung einstellt: Irgendwas steckt fest. Ich habe nur leider keine Ahnung, was und wo.

Letzteres immerhin lässt sich dann nach einer Viertelstunde, in der ich – zunächst vergeblich – versuche, den Sauger in seine Einzelteile zu zerlegen, eruieren: Der Gegenstand steckt ausgerechnet da, wo ich nicht rankomme, nämlich in dem leicht gebogenen, relativ schmalen Aufsatz, der die Metallröhre des Saugers mit dem beweglichen, geriffelten Schlauch verbindet. Mit einem aufgebogenen Drahtkleiderbügel müsste er allerdings zu entfernen sein. Nur: Wie biegt man einen Drahtkleiderbügel auf, wenn man kein Werkzeug zur Hand hat? In Ermangelung einer Zange versuche ich es mit der Haushaltsschere, gebe aber auf, bevor es Verletzte gibt.

Dann fege ich halt, anstatt zu saugen. Doch das dauert leider länger, als ich dachte, und außerdem habe ich das Gefühl, dass ich auf diese Weise den Staub eher verteile als beseitige. Aber wenigstens kann ich auf diese Weise nichts kaputtmachen.

Am selben Tag passiert mir dann auch noch das Missgeschick mit der Waschmaschine. Denn aus Versehen drücke ich die falschen Knöpfe – weil meine Gedanken offenbar ganz bei dem außer Betrieb gesetzten Staubsauger sind –, und die Wäsche ist nach dem Waschvorgang noch sehr nass. Offensichtlich habe ich die Sechzig-Grad-Wäsche im Wollprogramm gewaschen, und dabei ist der Schleudervorgang nicht integriert.

Es gibt natürlich auch bei unserer Waschmaschine einen Knopf für gesondertes Schleudern, ich habe aber keine Ahnung, welcher das ist. Schließlich hat unsere Maschine schon einige Jahre auf dem Buckel, und die Angaben sind kaum noch lesbar. Weil ich keine Lust auf Experimente habe, hänge ich die T-Shirts kurzerhand so auf, wie sie sind, allerdings nicht im Wäschekeller (denn so ein Waschkorb mit ungeschleuderter Wäsche ist ganz schön schwer), sondern ich stelle einen Wäscheständer im Wohnzimmer auf und drehe die Heizung voll auf, in der Hoffnung, dass die Wärme schon alles richten wird.

Am Abend pfriemelt mein Mann zuerst einen Ringelsocken meiner Tochter aus dem Staubsaugerrohr – das war es nämlich, was ich versehentlich aufgesaugt hatte –, und dann wundert er sich, was im Wohnzimmer los ist: Die Glastür dieses Raumes ist von innen beschlagen. Als wir sie öffnen, empfängt uns eine tropisch feuchte Hitze.

»Das ist sicher mal ganz gesund, wenn man nicht immer die trockene Heizungsluft einatmen muss«, sage ich.

Den Anblick unseres Parkettbodens kann ich aber beim besten Willen nicht schönreden: Denn bevor alles trocknen konnte, sammelte sich – ich hätte gleich drauf kommen können – das Wasser an den unteren Rändern der aufgehängten Wäsche und tropfte von dort auf den Holzboden. Dort zeigen sich jetzt dunkle Spuren, während sich das Holz an den Rändern bereits wellt. Und das ausgerechnet im Wohnzimmer, wo das Parkett gerade erst ein halbes Jahr alt ist.

Mein Mann ist ziemlich entsetzt und behauptet, der Boden sei ruiniert. Ich dagegen bin der Meinung, dass man sicher gar nichts mehr sehen wird, sobald alles getrocknet ist. Irgendwie behalten wir dann später beide recht: Ich finde, man merkt gar nichts, wenn man es nicht weiß. Er findet, das sieht jeder, dass der Boden an den Stellen im Eimer ist.

Wie dem auch sei: Als mein Mann seinem Ärger mit dem Ausspruch »Das ist ja schon fast gemeingefährlich, wenn du zu Hause bist« Luft macht, verkneife ich mir jede Replik und verziehe mich in die Küche. Wenigstens kochen kann ich einigermaßen. Das ist, mehr oder weniger, das Einzige gewesen, was ich während meiner Berufstätigkeit an hausfraulichen Kenntnissen tagtäglich üben konnte.

Ich nehme mir vor, mich nicht frustrieren zu lassen, meide aber an diesem Abend meinen Mann und seinen vorwurfsvollen Blick – so gut das in einer Stadtwohnung möglich ist. Also verziehe ich mich, als die Kinder im Bett sind, in die Badewanne. Das hat den Vorteil, dass ich den Anruf meiner Mutter (»Was tust du eigentlich den ganzen Tag?«) nicht entgegennehmen kann. Aber ich bekomme durch die Tür mit, wie mein Mann und meine Mutter plaudern, bis er schließlich das Gespräch mit lautem Gelächter beendet.

Als ich dann aus dem Badezimmer komme, empfängt er mich grinsend.

»Deine Mama meint, du hast schon immer zwei linke Hände gehabt.«

Diese Bestätigung eines Dritten scheint seine Laune erheblich gebessert zu haben, so dass ich mir einen Kommentar verkneife – bis auf ein mauliges Haha jedenfalls.

Nun ja, dafür habe ich andere Qualitäten. Ich kann

zum Beispiel sehr gut Texte redigieren. Ich bin teamfähig. Ich kann Mitarbeiter motivieren. Doch solche Sachen zählen in meinem neuen Leben als Hausfrau ja nicht mehr. Damit muss ich jetzt leben. Und das kann ich auch ganz gut, schließlich muss ich ja nicht mehr ins Büro und habe Zeit für die Kinder. Das ist mir die Sache wert. Aber eines ist klar: Ich bin noch nicht so ganz ins Hausfrauenleben hineingewachsen.

✶

Dauernd komme ich mir deplatziert vor. Zum Beispiel auf dem Spielplatz, den wir dank der oft noch milden Herbsttemperaturen nach dem Kindergarten besuchen. Da bemerke ich plötzlich, wie eine Mutter einen spöttischen Blick auf meine Handtasche wirft. Dabei ist sie nicht mal ein teures Teil von Chloé oder Dior, so was konnte ich mir nie leisten. Aber es ist doch ein sehr hübsches, nicht billiges Accessoire, das zwischen sehr teuren Taschen anderer Frauen nie negativ auffiel. Zwischen Rutsche und Klettergerüst sieht die Tasche aber affig aus. Die Frau denkt – das sehe ich ihr an –: »Was macht die denn mit ihrer Business-Handtasche in der Sandkiste?!«

Es ist nicht so, dass ich albern aufgestylt am Spielplatz erschienen wäre, ich wollte nur ein paar hübsche Dinge, die ich sonst getragen habe, in meinen neuen Alltag integrieren. Einfach deshalb, weil es sonst schade um die Sachen wäre.

Nach und nach aber bleiben die Tweedkostüme und die Wickelkleider, die Hosenanzüge und die Wollmäntel im Schrank hängen, die ganze Batterie Bürosachen ist für mich unbrauchbar geworden.

Stattdessen trage ich bald nur noch Jeans und flache Stiefel und krame den schwarzen Daunenanorak, den ich sonst nur zum Skilaufen trage, aus dem Schrank. Geldbeutel und Lippenstift verstaue ich in einer simplen Umhängetasche, die groß genug ist, um außerdem einen halben Laib Brot und zwei Milchtüten zu fassen. Mein Mann und mein Sohn finden, ich sehe cool aus. Immerhin ziehe ich am Spielplatz jetzt keine irritierten Blicke mehr auf mich.

Dafür komme ich mir immer wieder komisch vor, wenn ich in diesen Freizeitsachen im Kindergarten aufkreuze, während man allen anderen Mamas ansieht, dass sie sich fürs Büro schick gemacht haben.

Denn im Gegensatz zu mir sind anscheinend plötzlich fast alle dort berufstätig. Als ich selbst noch gearbeitet habe, hatte ich immer das Gefühl, ich sei die Einzige, die es dauernd eilig hat, zur Arbeit zu kommen. Und nun kommt es mir so vor, als sei urplötzlich nur ich eine beschäftigungslose Hausfrau und könnte mir Zeit mit allem lassen, während die anderen um mich herum ganz wichtig Hektik verbreiten. Erst kann ich das gar nicht verstehen. Wo sind die anderen Hausfrauen nur geblieben?

Es dauert ein paar Wochen, bis ich eine Erklärung gefunden habe: Einige von ihnen haben ihre Kinder sowieso in der Halbtagsgruppe nebenan und nicht da, wo meine Tochter ist, denn Hausfrauenkinder brauchen ja keine Ganztagsbetreuung. Meine Tochter aber besucht die Ganztagsgruppe, da sind die Hausfrauenmütter rar. Und die, die letztes Jahr noch welche waren, sind mittlerweile wieder berufstätig. Das ist der Lauf der Dinge, wenn Kinder ins Kindergartenalter kommen.

Wenn ich dann wirklich mal auf eine Hausfrau treffe und die mir erzählt, dass sie ihren alten Job nicht mehr machen könne, weil jede Tagesstätte spätestens um siebzehn Uhr schließt, ihr Job aber immer bis neunzehn Uhr ginge, dann mache ich mich mit meinen üblichen alten Pro-Job-Argumenten bei ihr unbeliebt.

»Man könnte theoretisch schon«, sage ich dann. »Man brauchte doch nur jemanden zu engagieren, der das Kind vom Kindergarten abholt und zu Hause weiter betreut.«

So was flutscht mir einfach so aus dem Mund, aus reiner Gewohnheit. Ja, ich habe wirklich noch nicht so richtig Wurzeln gefasst in meinem neuen Dasein als Nur-Mutter.

Und manchmal fühle ich mich in dieser Situation sogar ein bisschen einsam, zum Beispiel an den Vormittagen, wenn ich schrubbe und wische. Früher hatte ich tagtäglich so an die hundert potentielle Gesprächspartner in meiner Nähe, eine ganze Redaktion. Nicht, dass ich mit allen gesprochen hätte, aber theoretisch hätte ich es können. Nun muss ich das Radio anstellen, wenn ich vormittags eine menschliche Stimme hören will.

Darum rufe ich bei meinem liebsten ehemaligen Kollegen an. Der freut sich riesig, von mir zu hören, aber dummerweise steckt er mitten in einer Titelgeschichte. Wir können ja mal abends ausgehen. Ein anderer Kollege ist beruflich auf Terminen, und einer meiner ehemaligen Chefs, mit dem ich befreundet bin, will unbedingt bald mit mir essen gehen, doch telefonieren, das kann er nicht, denn er hat gerade Besuch.

Wenig Zeit zum Quatschen hat außerdem meine beste Freundin, die ebenfalls Journalistin ist, denn sie erwartet einen Rückruf von einem Interviewpartner, und meine andere beste Freundin, die Ärztin, ist gerade in der Visite. Und meine anderen Freundinnen haben auch tagsüber nie richtig Zeit zum Telefonieren.

Das akute Kommunikationsdefizit bewirkt, dass sich in den Momenten, in denen mir in meinem Alltag Mitmenschen begegnen, die aufgestaute Plauderlust wie ein Schwall aus mir ergießt: Der Erzieherin etwa erzähle ich ungefragt, dass ich heute noch vorhabe, in der Stadt Handschuhe für die Kinder zu erstehen, weil sie schon das x-te Paar verloren haben, und dann könnte ich auch gleich neue Strumpfhosen holen, die Kleine wächst ja minütlich aus allem raus und so weiter. Bis ich merke, dass ihr Blick immer wieder ungeduldig zum Basteltisch wandert, wo schon Kinder in Malkitteln auf sie warten.

Irgendwann ist es so weit, dass ich einen Herrn von der Krankenkasse, der mir telefonisch neue Versicherungskarten ankündigt, in ein Gespräch über das Wetter verwickle.

Eines Morgens ruft dann eine gute Bekannte an, von der ich länger nichts gehört habe. Sie ist ebenfalls Hausfrau. Und sie erzählt und erzählt: vom letzten Urlaub, über den sie noch nichts berichtet hat, von der Eingewöhnung des Jüngsten in den Kindergarten und den Problemen der Älteren mit der Klassenlehrerin. Ich lausche begeistert und sprudle meinerseits los. Den Hörer mit der Schulter ans Ohr gepresst, räume ich währenddessen die Spülmaschine ein und aus, hänge die nasse Wäsche auf, schrubbe das Waschbecken blank. In der Zeit hat die Hausfrauenfreundin bei sich zu Hause das Mittagessen vorgekocht, den Müll sortiert und den Tisch gedeckt. Nach fröhlichen eineinhalb Stunden verabreden wir uns für ein Treffen, aber davor wollen wir unbedingt noch ein paarmal telefonieren, denn so leicht wie mit ihr an der anderen Strippe ist mir die Hausarbeit noch nie von der Hand gegangen.

Hausfrauenspeck

Berufstätige Mütter sind unsportlich – zwangsläufig. Ihre körperliche Betätigung beschränkt sich aufs Tragen: Sie tragen müde Kinder in die Kita, schleppen den Einkauf, stemmen Getränkekisten in den Kofferraum. Dabei verrenken sie sich den Rücken, so dass sie dann unter Schmerzen den ganzen Tag auf ihrem Bürostuhl hin und her rutschen müssen. Drum gehen sie am Wochenende mit den Kindern ins Hallenbad, in der Hoffnung, mal ein paar wohltuende Schwimmzüge machen zu können. Und dann planschen sie doch nur die ganze Zeit im Seichten, um die Kleinen im Wasser nicht aus den Augen zu verlieren.

Wie alle berufstätigen Mütter hatte auch ich nie Zeit für Sport. Nicht, dass ich es nicht versucht hätte: Diverse Male war ich Mitglied in büronahen Fitnesscentern geworden, immer in der Hoffnung, es in der Mittagspause zum Training zu schaffen. Doch es war immer wieder dasselbe: Nie war genug Zeit. Also zahlte ich die Beiträge umsonst und verpasste vor lauter Stress auch noch permanent das Kündigungsdatum für den Sportclub. Irgendwann gab ich es auf. Und seufzte neidvoll, wenn Bekannte, die kinderlos waren oder Hausfrauen, über ihre Yogastunden fachsimpelten. Yoga! Schön wär's gewesen!

Als Hausfrau kann ich endlich auch Yogastunden besuchen. Theoretisch. Praktisch ist mir nicht klar, wie andere Hausfrauen das schaffen: Die meisten Studios öffnen frühestens dann, wenn Schulkinder gerade nach Hause kommen. In dieser Zeit bin ich mit Essensvorbereitungen und Hausaufgabenhilfe beschäftigt. Etwas später muss ich meine Tochter vom Kindergarten abholen, da ist also auch keine Möglichkeit mehr, Sport zu treiben, bis abends mein Mann nach Hause kommt. Dann gibt es Abendessen, danach werden Vokabeln abgefragt, Bücher vorgelesen, Barbies an- und ausgekleidet, Puzzles weggeräumt. Schließlich mache ich die Kinder fürs Bett fertig und lege sie schlafen.

»Jetzt könntest du doch noch schwimmen gehen«, schlägt mein Mann vor. Das Hallenbad bei uns in der Nähe hat ja bis 23 Uhr geöffnet.

»Oder geh doch eine Runde joggen, ich bin ja da.«

Jetzt ist es halb zehn. Draußen regnet es. Meine Beine sind auch ohne Sport schon ganz schwer. Nein, ich kann wirklich keinen Sport mehr treiben, heute nicht.

Vielleicht ist Hausarbeit schon sportliche Aktivität genug. Am Anfang habe ich richtig Muskelkater davon: Meine Hanteln sind die Wäschekörbe, die ich auf dem Stepper (unser Treppenhaus) unablässig mit nasser Wäsche runter- und mit trockener wieder rauftrage. Zwischendurch betreibe ich etwas Stretching (das Auf- und Abhängen der Wäsche), eine Viertelstunde später folgt Walking (in den Supermarkt). Dann noch etwas Power-Krafttraining: Der Einkauf muss ja nach Hause getragen werden. Vielleicht kann ich mir Sport wirklich sparen, denn ich bin körperlich aktiv wie nie.

Wenn ich mit der Küche fertig bin – der Boden gefegt, die Arbeitsflächen abgewischt, die Armaturen poliert, der Herd gesäubert –, habe ich mir eine kleine Belohnung verdient: ein paar Kekse zu einer Tasse Tee, ein zweites Frühstück sozusagen. Bevor ich dann die zusammengelegte Wäsche aus dem Waschkorb in die Schränke räume, greife ich noch schnell in eine herumliegende Gummibärchentüte – zur Motivation. Und zwischendurch hole ich mir noch schnell einen Keks – zum Durchhalten.

Anschließend koche ich zu Mittag und koste fleißig von dem Eintopf, der auf dem Herd köchelt.

Im Laufe des Nachmittags mache ich noch so ganz allmählich die Gummibärchentüte leer. Dann breche ich auf, um meine Tochter vom Kindergarten abzuholen. Auf dem Weg kaufe ich ihr eine Brezel – und mir auch eine. Die habe ich allerdings schon gegessen, als ich im Kindergarten ankomme und feststelle, dass die Kleine ihr Pausenbrot heute nicht mochte – weshalb, ist mir ein Rätsel, denn dieses Schinken-Vollkornbrot ist wirklich lecker, finde ich, als ich es mir auf dem Heimweg einverleibe. Es wäre doch viel zu schade, es wegzuwerfen.

Als ich abends das Essen zubereite, koste ich große Stücke von dem Parmesan, den ich beim Feinkostitaliener gekauft habe, und als die Kinder später im Bett sind, gönne ich mir ein Glas Rotwein und eine kleine Schale Chips vor dem Fernseher. Na ja, so klein ist sie nun auch wieder nicht.

Kurz: Ich komme aus dem Essen nicht heraus. Wenn das so weitergeht, werde ich bald dem übelsten Hausfrauenklischee entsprechen und mich in eine dicke Tonne verwandeln. Das Problem ist: Überall lauern Verlockungen. Denn da ist ja ein prall mit Köstlichkeiten bestückter, jederzeit erreichbarer Kühlschrank – und daneben ein vollgepackter Lebensmittelschrank. Und wenn die leer sind, gehe ich eben einkaufen …

Vielleicht war ich immer nur relativ schlank, weil nichts zum Essen in greifbarer Nähe war, solange ich gearbeitet habe: Morgens konnte ich zwar in der Kantine belegte Brötchen holen, und später aß ich dort zu Mittag, möglichst nur etwas Leichtes.

Manchmal war dazu aber gar keine Zeit. Und dadurch regulierte sich mein Gewicht automatisch. Und nachmittags gab's nichts – der nächste Supermarkt war zehn Minuten entfernt, da schlendert man nicht einfach mal rüber wie jetzt an den Kühlschrank. Und selbst wenn ich in der Mittagspause dort Lebensmittel für die Familie einkaufte, konnte ich mich daran nicht gütlich tun. Denn die Tüten verstaute ich immer in meinem Wagen, der in der kühlen Tiefgarage geparkt war, damit die frischen Sachen nicht verdarben. So kam ich nie in Versuchung.

Außerdem habe ich im Büro den ganzen Tag wie ein Schlot geraucht. Das verdirbt einem zusätzlich den Appetit. Dieser Effekt fällt jetzt ebenfalls weg, da ich nur beim Arbeiten und beim Ausgehen ein Bedürfnis nach Zigaretten verspüre (was an sich ja positiv ist).

*

Wohlweislich stelle ich mich gar nicht erst auf die Waage und ignoriere die Fettpölsterchen, die mir mittlerweile aus dem Hosenbund quellen. Meine Umwelt ignoriert sie nicht.

»Dicke Mama«, lacht meine Tochter eines Morgens und kneift mich in den Schwabbelbauch über meiner Schlafanzughose. Und mein Mann sagt plötzlich immer öfter zum Spaß »Dickie« statt Schatz zu mir. Ich kontere dann, dass er auch schon mal schlanker war, und esse munter weiter. Doch als die Hosen empfindlich kneifen, muss ich mich der Sache stellen.

Also wage ich mich eines Morgens gleich nach dem Aufstehen – damit die Messung nicht vom Gewicht des Frühstücks verfälscht wird – auf die Waage: drei Kilo mehr als sonst! Bei meiner Größe ist das richtig viel.

Ich beginne also eine Diät. Morgens ist es noch ganz leicht, sie durchzuhalten: Ich esse einfach nur Obst und schütte literweise Tee in mich hinein, das macht satt. Mittags diszipliniere ich mich beim Salat, während mein Sohn neben mir Bratkartoffeln oder Nudeln mampft. Am Abend hole ich jedoch alles nach, was ich tagsüber weggelassen habe. Schließlich muss ich ja für alle kochen. Und das schaffe ich nicht, ohne selbst zu essen. Denn dann macht das Kochen ja gar keinen Spaß!

So aber ist es Teil des lustigen Fünfziger-Jahre-Spiels – ich kredenze der Familie einen Schmaus nach dem anderen. Einmal gibt es sogar selbstgemachte Spätzle. Mit großem Ehrgeiz und gezücktem Kochbuch ringe ich dem Schweinebraten eine Knusperkruste ab, wie ich sie bislang nur im Wirtshaus, aber noch nie zu Hause gegessen habe. Zusammen mit der Kleinen versuche ich mich an Pizza. Sie probiert den Teig, verteilt die Tomatensauce, sudelt sich komplett ein und hat einen Heidenspaß. Und nur ganz kurz denke ich dabei darüber nach, dass ich ihr jetzt wahrscheinlich gerade ein ganz falsches Rollenmodell vorgebe: das des Heimchens am Herd. Aber vielleicht darf man nicht immer alles, was man tut, hinterfragen.

Darum koche ich an einem Sonntagnachmittag, als wir alle durchgefroren vom Eislaufen kommen, heiße Schokolade und serviere sie zum Kirschkuchen, den ich vormittags gebacken habe. Mit Sahne natürlich. Die meisten Stücke esse ich. Ich will ja nicht, dass was verdirbt.

Irgendwann hole ich meine frische Jeans aus dem Schrank und stelle fest: Jetzt geht der oberste Knopf nicht mehr zu. Und da weiß ich: Jetzt muss was passieren. Zum Beispiel Sport …

Es ist logistisch nur leider nicht so einfach, Sport in meinen Alltag zu integrieren: Am besten wäre es, ich könnte, gleich nachdem ich die Kleine in den Kindergarten verfrachtet habe, joggen gehen. Doch soll ich in meinen alten Laufklamotten ungewaschen und mit verstrubbeltem Haar im Kindergarten auftauchen? Zwischen all den bürofein gestylten anderen Müttern?

Schließlich finde ich die Lösung und lasse mir von meinem Mann einen schicken Trainingsanzug von Adidas schenken. Außerdem stülpe ich mir eine dicke Mütze über, schließlich ist Winter. So bringe ich die Kleine weg, und dann laufe ich los: Es geht gar nicht so schlecht, meine Kondition ist okay – das kommt sicher vom Putzen.

Chips und Kekse kaufe ich jetzt keine mehr, der Kühlschrank füllt sich mit Magermilchprodukten und

Unmengen von Gemüse. Abends essen wir kalorienreduziert. Eine Zeitlang. Nur ausnahmsweise gibt es mal Schinkennudeln oder Wiener Schnitzel, weil die Kinder sich das so wünschen. Meine Joggingrunde wird von Tag zu Tag kürzer. Und schließlich fällt sie immer mal wieder ganz aus. Mal wegen einer kleinen Erkältung. Dann wieder sind Besorgungen zu machen, oder ich muss auf einem Amt etwas erledigen. Es gibt immer eine Ausrede. Denn draußen ist es ungemütlich und kalt. Zu Hause aber ist es behaglich und schön. Und außerdem ödet das Joggen mich mittlerweile richtig an. Bald erinnern nur die Laufschuhe, die ich als Mahnung im Gang stehengelassen habe, an die Joggingphase. Und die Hose fängt wieder an zu kneifen …

Darum denke ich einmal sogar, ich sollte vielleicht einfach wieder mehr rauchen. Das macht ja fraglos schlank. Also stelle ich mich jetzt ab und an auf den Küchenbalkon und qualme eine. In der ungemütlichen Kälte. Es hat etwas Jämmerliches. Immerhin dient es einem guten Zweck: der Fettreduktion. Spaß macht es auf dem kalten Balkon aber nicht.

Aber wie das so ist mit dem Rauchen: Obwohl es in der Kälte gar keinen Spaß macht, will ich plötzlich immer öfter raus zum Rauchen. Und als ich dann beschließe, das Qualmen tagsüber zu lassen, fange ich an, wieder besonders viel zu essen, um die Lust auf die Zigaretten zu vergessen. Es ist ein Teufelskreis.

Darum kommt das Trampolin ins Haus! Ich hole es aus einem Sportgeschäft, es ist knallblau und lässt sich sogar von mir ganz einfach aufbauen. Die Kinder lieben es vom ersten Moment an: Der Große hüpft, die Kleine hüpft, das Nachbarskind hüpft. Nur mein

Mann hasst das Teil, denn er findet es schrecklich, dass dieses Ungetüm nun unser Wohnzimmer verunstaltet, und andauernd stößt er sich das Schienbein daran.

Dank des Trampolins muss ich die Wohnung gar nicht verlassen, um fit zu werden: Ich springe am Vormittag immer etwa fünfundvierzig Minuten lang und gucke währenddessen fern. Dabei kann man gar nicht ans Essen oder Rauchen denken. Manchmal hüpfe ich sogar noch mal beim Abendprogramm, wenn die Kinder im Bett sind. Und immer, wenn ich Lust auf Kekse oder eine Kippe bekomme, springe ich mal zwischendurch kurz darauf herum. Ich fühle mich bald immer straffer und muskulöser und bin richtig stolz auf mich.

Und dann passiert es: ein stechender Schmerz im Rücken, oberhalb der Hüfte. Ich kenne das schon von früher, es ist immer die gleiche Stelle, ich hätte es wissen müssen. Nun kann ich kaum meine Schuhe zubinden, die Wäsche und den Einkauf muss mein Mann besorgen. Der Orthopäde schüttelt den Kopf: Trampolinspringen sei bei meinem Rücken wirklich keine gute Idee, Joggen sei übrigens auch die falsche Sportart für mich. Das Einzige, was mir jetzt noch helfen kann, sagt er, ist Rückenschwimmen.

Na toll!

Von neuen Vätern und alten Problemen

Mein Mann hat das angeborene Talent, vor anderen immer gut dazustehen. Wenn bei uns unangemeldeter Besuch an der Tür läutet, ist er mit hoher Wahrscheinlichkeit gerade dabei, entweder die Spülmaschine auszuräumen oder den Flur zu feudeln oder den Großen in Latein abzufragen.

»Ein schöner Anblick«, entfuhr es einmal einer Bekannten neidvoll, die gerade recht kam, um meinem Mann beim Staubsaugen zuzusehen.

Ja, Männer mit Sinn für Kindererziehung und Einsatzfreude bei der Haushaltspflege kommen derzeit bestens an und genießen ein hohes Ansehen. Chauvis, Machos und Paschas dagegen sind absolut nicht mehr en vogue, Relikte kommen allenfalls in der Generation vor, die sich bereits im großväterlichen Alter befindet, wo sie bedauerlicherweise in Politik und Wirtschaft noch genug Unheil anrichten.

In unserer Altersklasse aber, bei den Menschen, die gerade kleine Kinder aufziehen, gibt es sie nur noch ausnahmsweise. Laut meiner zwar nicht gerade repräsentativen, aber immerhin intensiven Recherchen im Freundes- und Bekanntenkreis ist keine Frau, mit der ich Kontakt halte, mit einem solchen Exemplar liiert. Nur eine Freundin hat eine Nachbarin, die mit einem Mann verheiratet ist, der sich beim Essen noch nicht mal selbst bedient, sondern – sollte sie mal übersehen, dass er seinen Teller bereits geleert hat – sie unter dem Tisch mit dem Fuß anstupst, damit sie ihm Nachschub serviert.

Mit solchen Verhaltensweisen macht man sich heute allerdings selbst zur Karikatur, insbesondere vor gleichaltrigen Männern, die gern mit Heldengeschichten über ihr Engagement bei den familiären Pflichten prahlen – was eine ähnliche Funktion übernimmt wie früher Jägerlatein. Nur dass jetzt nicht mit dem Vierzehnender angegeben wird, den man beinahe erlegt hätte, wenn nicht plötzlich ein Knacken im Unterholz das Tier verscheucht hätte. Vielmehr muss nun der seit Tagen ekelhaft müffelnde Windeleimer herhalten, den man todesmutig beinahe ausgeleert hätte, wenn das dann doch nicht längst die Mutter des Kindes erledigt hätte.

Laut Statistik ist es zwar immer noch so, dass es die Frauen sind, die mehr im Haushalt tun (nämlich ungefähr doppelt so viel). Wenn man aber betrachtet, wie hoch der Anteil der Frauen ist, die Teilzeit arbeiten – siebzig Prozent –, hat das natürlich eine gewisse Logik. Das ist ja auch eine Art Arbeitsteilung, wenn einer noch im Büro ist und der andere derweil schon mal das Essen kocht. Konkrete Beschwerden über faule Kerle, die sich null einbringen, haben in den letzten Jahren aber insgesamt nachgelassen. Ja tatsächlich! Das musste jetzt mal gesagt werden.

Natürlich machen nur ganz wenige Männer Babypause, und kaum einer arbeitet halbtags, um mehr beim Kind zu sein. Doch daran sind sie nicht unbedingt selbst schuld. Es ist nur so, dass es wahrscheinlich nicht besonders einfach ist, Erziehungsurlaub zu beantragen, wenn man all die Jahre davor mitbekommen hat, als was Vorgesetzte ihre männlichen Angestellten bezeichnen, die das tun (das Wort fängt mit W an und endet mit »eier«). Die jungen Väter selbst aber sind heute gar nicht mehr das Problem.

Genug gelobt. Nun ist es an der Zeit, darzulegen, warum aus den Papis unserer Kinder »neue Väter« wurden, die ihren Frauen zur Hand gehen und alles tun, damit diese ihren Job bald weitermachen können. Das geschah nämlich nicht unbedingt freiwillig, sondern eher zwangsläufig. Und wir Frauen haben weniger damit zu tun, als wir denken: Es liegt daran, dass das Leben als Familienernährer ein echtes Minusgeschäft ist. Wer sich das leistet, muss entweder ziemlich reich sein oder ganz schön dumm.

Denn selbst Männer mit »ordentlichen« Berufen, also Ärzte, Rechtsanwälte, Architekten, Ingenieure, Betriebswirte und so weiter, verdienen – zumindest in den jungen Jahren, in denen Menschen normalerweise Familien gründen – oft noch nicht so gut, dass ihr Gehalt ein angenehmes Leben von gleich drei oder noch mehr Personen gewährleisten kann. Zumindest der gewohnte Lebensstandard ist meist kaum aufrechtzuerhalten. Kein Wunder also, dass die Bürde, künftig Alleinverdiener zu sein, heftiges Unwohlsein bei vielen frischgebackenen Papis auslöst und leise Panik ihren Blick erobert, wenn ihre Frauen glückstrahlend verkünden, dass sie am liebsten gaaanz lange stillen und möglichst ein paar Jahre ausschließlich für den Nachwuchs da sein wollen. Als ich selbst noch berufstätig war, haben mich schon manchmal junge Väter aus dem Bekanntenkreis zur Seite genommen und mit beschwörendem Unterton gebeten, doch auf ihre Frauen einzuwirken und sie zu einem baldigen Wiedereinstieg in den Job zu bewegen.

Hinter manch einer berufstätigen Mutter steht ein Mann, der sie in den Job drängt. So ist das zum Beispiel bei einer guten Bekannten, die jahrelang ziemlich glücklich als Hausfrau war. Und nun sucht sie doch wieder nach einem Job, denn: »Mein Mann sitzt mir im Nacken.« Ja, die Männer sind bezüglich der Berufstätigkeit ihrer Frauen nicht selten moderner als die Frauen selbst. Und nicht nur in Frankreich, wo die Lebenshaltungskosten so hoch sind, dass ein Mann sie niemals allein bezahlen kann, wird das Budget ohne das Frauengehalt zu knapp.

Noch in der Generation unserer Eltern war das anders, denn da konnte beispielsweise die ganze Familie von einem Architektengehalt mehrmals im Jahr in Urlaub fahren, und auch ein Zweitwagen war oft noch im Budget drin. Ein junger Architekt heute, dessen Frau nicht arbeitet, wird sich als Familienvater trotz Ehegattensplitting Mehrfachurlaube kaum leisten können – mit etwas Glück schafft es so eine Familie vielleicht gerade einmal jährlich an einen Adria-Campingplatz. Natürlich nur gesetzt den Fall, dass die Ärmsten sich das Auto noch weiter leisten können. Und sie ihre Stadtwohnung in hübscher Lage rechtzeitig gegen eine billigere in einem prosaischen Vorort eingetauscht haben, wo die Miete günstiger und der Frust größer ist.

Wenn auf der Waagschale also links ein Auto, zwei Flugreisen jährlich und allwöchentliche Restaurantbesuche liegen und rechts ein allabendlich frisch zubereitetes Abendessen aus Hausfrauenhand in einer geputzten, aber bescheidenen Bleibe an der Peripherie – ja, dann fällt dem Mann die Wahl nicht schwer. Und selbst wenn im Falle der linken Waagschale auch ihm einiges abverlangt wird, zum Beispiel dass er selber mal kocht und regelmäßig die Kinder in die Tagesstätte bringt, stimmt der Deal für ihn immer noch, wenn die Mutter seiner Kinder arbeiten geht.

Dies nur nebenbei: Selbst im Falle einer Scheidung ist die berufstätige Ehefrau die risikofreiere Variante für den Mann, denn dann muss er nur für die Kinder, aber nicht für sie Unterhalt zahlen.

Eine Hausfrau ist heutzutage sozusagen ein »schlechtes« Geschäft. Das ist der wichtigste Grund, warum es jetzt so viele »neue Väter« gibt, die ihre Frauen unterstützen, wenn diese arbeiten wollen. Und so ist auch diese gesellschaftliche Entwicklung, wie so viele andere, letztendlich auf einen Faktor zurückzuführen: aufs Geld.

*

Es ist von daher eigentlich kein Wunder, dass mein Mann damals nicht gerade erfreut war, als ich ihm eröffnete, dass ich gern als Hausfrau leben wolle.

»Wenn du mehr putzen und bügeln willst, könntest du das doch auch so machen, dann sparen wir uns die Putzfrau«, sagte er einmal bei einer unserer ersten Diskussionen zu dem Thema.

»Das müssen wir dann sowieso«, antwortete ich. »Haushaltshilfen können wir uns von einem Gehalt nicht mehr leisten.«

Dazu fiel ihm nichts mehr ein. Wahrscheinlich war ihm die Spucke weggeblieben.

Bis zu diesem Zeitpunkt gefiel er sich ausgezeichnet in der Rolle des modernen Gefährten. Dass Männer ihre berufstätigen Frauen im Haushalt und bei der Kinderbetreuung unterstützen müssen, das war für ihn selbstverständlich. Zumindest von der Einstellung her. Zum Glück hatten wir Au-pair-Mädchen, so musste er es nicht wirklich unter Beweis stellen.

Was das Au-pair nicht erledigte, blieb an mir hängen, denn mein Mann tat so, als wolle ihm einfach nichts gelingen. Zum Beispiel beim Einkaufen: Einen Teil der Lebensmittel, die ich ihm auf den Zettel schrieb, konnte er im Supermarkt irgendwie nie finden. Einmal behauptete er sogar allen Ernstes, es gäbe weder Äpfel noch Bananen noch Birnen – und das in einer Tengelmannfiliale im August in München und nicht etwa zu Zeiten des Kalten Krieges im Dezember auf dem Markt von Wladiwostok.

Auch das Kochen war eine Geschichte für sich: Eigentlich kocht er ganz gut. Bei ihm sieht die Sache auch richtig professionell aus, wie er die Pfanne anpackt und beispielsweise Eierkuchen in der Luft wendet. Nur leider dauerte das Zubereiten von Mahlzeiten bei ihm Ewigkeiten, so dass er wochentags, wenn die Kinder spätestens um neun Uhr ins Bett müssen, einfach nicht einsetzbar war.

Auf all seine Verweigerungen – denn nichts anderes war es – reagierte ich wie die meisten Frauen: erst mit Gezeter, dann mit zunehmender Resignation. Weil kein Mensch in permanenter Disharmonie leben kann, übernahm ich dann das meiste.

Als ich damals die Ressortleiterstellung annahm,

war klar, dass das nicht so weitergehen konnte und dass nun der Vater voll gefordert sein würde, wenn ich abends länger arbeiten müsste. Denn er war damals immer schon gegen sechs Uhr zu Hause.

Und er machte seine Sache tatsächlich gut. Plötzlich fuhr er regelmäßig in den Großmarkt und kehrte mit gefüllten Tüten zurück. Zum Abendessen standen in jenem Jahr zwar generell nur vier Gerichte im Wechsel auf der Karte – Schinkennudeln, Fischstäbchen mit Salat, Pfannkuchen mit Nutella oder Nudeln mit Thunfischsauce –, aber die bereitete er immerhin schnell zu. Und außerdem gelang es ihm, den Großen, der damals gerade in die fünfte Klasse gekommen war, gut durch das erste Jahr am Gymnasium zu lotsen (wie groß diese Leistung war, sollte ich erst später kapieren).

Wenn er dann an den Wochenenden mit meinen Freundinnen über die Probleme mit dem achtklassigen Gymnasium oder der unzulänglichen Hausaufgabenbetreuung fachsimpelte, musterten die mich nicht selten mit neidischen Blicken – und zwar zu Recht. Ich war ganz stolz auf meinen Mann. Und er war ganz stolz auf sich.

Trotzdem war er dann auch irgendwie erleichtert, als klar war, dass ich jetzt zu Hause bleibe. Er dachte, das bedeute für ihn: nie wieder Hausarbeit.

Nur: Wer sagt eigentlich, dass die moderne Hausfrau die komplette Hausarbeit erledigen muss? Und wer regelt überhaupt, wer was zu übernehmen hat in einer Familie? Ich war mir da jedenfalls gar nicht sicher.

Früher, als ich noch voll berufstätig war, ging ich ganz selbstverständlich davon aus, dass die Frau, die zu Hause bleibt, dort die ganze Arbeit machen muss. Schließlich lebt sie ja von dem Geld, das ihr Mann nach Hause bringt. Und das macht ihn, so dachte ich mir, sozusagen zu ihrem Chef.

Erst als ich selbst den Job an den Nagel hängte, ging mir auf, wie abwertend diese Einstellung der Hausfrau gegenüber ist – sie ist doch keine Putzfrau oder Hausangestellte, sondern schließlich die Hausherrin! Denn das bedeutet das Wort Hausfrau im ursprünglichen Sinne. Sie war in früheren Zeiten die Frau, die dem Haushalt vorstand, die Chefin sozusagen. Die niederen Arbeiten wurden aber von den Mägden und den Dienstmädchen erledigt.

Heute, wo die Hausfrauen die Hausarbeiten meist selbst übernehmen müssen, ist ihre Tätigkeit immerhin offiziell als Beruf anerkannt – auch wenn es kein Geld dafür gibt.

Daraus ergibt sich für mich folgende zwingende Logik: Wenn Mann und Hausfrau nach ihrem Arbeitstag zusammentreffen, wird von dem Zeitpunkt an jede Arbeit geteilt. Und zwar auch, wenn der Arbeitsplatz der Frau zufällig die gemeinsame Wohnung ist. Das wäre nur gerecht, und das finden auch die meisten – zumindest theoretisch.

In der Praxis ist es dann leider so, dass die Leute komplett unterschiedliche Vorstellungen davon haben, was aufgeräumt oder unaufgeräumt, sauber oder schmutzig konkret bedeuten. Man kennt das aus Wohngemeinschaften. Und Partnerschaften sind ja nichts anderes.

Und so ist das auch bei uns. Denn ich bin zwar davon überzeugt, dass mein Mann ein unerträglich schlampiger Mensch ist. Doch es gibt auch eine ganz andere Variante: seine. Und laut dieser Variante bin ich die Chaotin im Haus. Der Kleiderschrank meines Mannes nämlich sieht beispielsweise stets mustergültig aus, ganz im Gegensatz zu meinen Schränken, aus denen die Kleidungsstücke sich beim Türenöffnen mitunter in bunten Kaskaden ergießen. Nie würde mein Mann feuchte Badesachen in einer Umhängetasche an der Garderobe vergessen oder die Reste einer kleinen Ausflugsbrotzeit der Kinder versehentlich in der Handtasche herumtragen, bis sich grüner Schimmel bildet. Mir ist das nicht nur einmal passiert. Und regelmäßig verzweifelt er an der Systemlosigkeit, mit der ich die Spülmaschine einräume – und dann stellt er sich an das Gerät und stellt alles noch mal um. (Aber ehrlich gesagt ist das keine Hilfe. Im Gegenteil, es bringt mich zum Rasen.)

Mittlerweile praktizieren wir das tradierte Modell, es ist noch die harmonischste Variante. Er kümmert sich um Reparaturen, pflegt den Wagen, übernimmt Malerarbeiten, schleppt Kisten.

Aus der Küche aber habe ich ihn verbannt. Gefördert wurde diese Entscheidung maßgeblich durch folgendes Ereignis:

Eine Zeitlang hatten wir die Regelung, dass mein Mann für das Abräumen des Tisches zuständig war. Doch jedes Mal ließ er ein paar Dinge stehen – mal eine Saftflasche und ein paar Papierservietten, dann wieder ein Besteck oder das Ketchup. Und nahezu nie wischte er den Tisch ab. Wenn ich ihn darauf hinwies, sagte er, er mache das schon noch. Weil die Sachen dann aber noch Stunden später herumstanden, räumte ich den Kram einfach selber weg und fuhr mit dem Lappen über den Tisch. Eines Tages hatte ich dann plötzlich keine Lust mehr, immer hinterherzuräumen, und kümmerte mich einfach nicht mehr darum. Der Tisch blieb also unabgewischt.

An jenem Samstag hatte unsere Tochter das erste Mal eine neue Freundin eingeladen. Als die vorbeigebracht wurde, lud ich ihre Mutter spontan auf eine Tasse Kaffee in unsere Küche ein. Die Frau trug eine fliederfarbene Baumwollbluse, frisch gebügelt und frühlingshaft. Als sie aber ihre Ellenbogen auf den Tisch aufstützte, sah ich etwas, was mich geradezu erstarren ließ: Dort, wo ihr linker Arm unseren Küchentisch berührte, verdunkelte sich der Baumwollstoff zu einem unübersehbaren Fettflecken.

Ich weiß gar nicht, wann die Ärmste es bemerkte. War es, als sie wieder zu Hause angekommen war? War es erst am Abend, nachdem sie den ganzen Tag unwissentlich mit dem Fleck herumgelaufen war? Oder schon bei uns, weil ich mit aufgerissenen Augen auf das Malheur starrte, unfähig, ein Wort herauszubringen?

Anmerken ließ sie sich jedenfalls nichts, von daher weiß ich es nicht sicher. Nur eines ist klar: dass diese Frau unsere Wohnung seither nie mehr betreten mochte.

Schulchaos

Unser Sohn sitzt fast jeden Abend noch bei den Hausaufgaben, wenn mein Mann nach Hause kommt. Der runzelt dann die Stirn und gibt jedes Mal den gleichen Kommentar ab, der meine Selbstbeherrschung auf eine harte Probe stellt: »Seid ihr immer noch nicht fertig?!« Ganz so, als wären das nicht nur die Schularbeiten des Jungen, sondern auch meine.

Um den häuslichen Frieden nicht zu gefährden, beiße ich dann die Zähne zusammen und ringe mir ein säuerliches Lächeln ab.

»Heute hatte er besonders viel auf«, antworte ich. Oder: »Heute war die Schule erst so spät aus.«

Tatsächlich ist es auch mir nicht ganz klar, warum das Kind so lange braucht. Fünf Stunden für ein paar Zeilen Lateinübersetzung, ein paar Rechenaufgaben in Mathe und eine Abschrift in Englisch – ist das noch normal?

Meine Freundin, die einen gleichaltrigen Sohn hat, kann mir da allerdings auch nicht helfen: Ihrer braucht offenbar noch länger. Oft verweigert er die Hausaufgaben sogar ganz und schließt sich mit dem Gameboy im Bad ein. Und ihr jüngerer Sohn, der noch in die Grundschule geht, ist so unkonzentriert, dass bei den Hausaufgaben immer jemand neben ihm sitzen muss. Leider schwer, wenn man wie meine Freundin erst gegen neunzehn Uhr von der Arbeit kommt und ein Au-pair-Mädchen hat, das erstens schlecht deutsch spricht und sich zweitens nicht bei den Kindern durchsetzen kann.

»Unser Schulsystem ist etwas für Hausfrauenmütter«, stöhnt meine leidgeplagte Freundin.

Da ich aber gerade genau das bin, schäme ich mich ein bisschen, dass ich mich bei ihr ausheulen wollte, und beschließe, die Angelegenheit aus eigener Kraft in den Griff zu bekommen.

Also gehe ich jetzt alle halbe Stunde in das Zimmer meines Sohnes und gucke ihm über die Schulter, wie sich die Zeilen in seinen Heften im Schneckentempo mühselig füllen – wenn sie sich füllen. Manchmal ist zu den verkleckßten Buchstaben nämlich gar nichts hinzugekommen.

Nach einiger Zeit wird mir klar, warum er immer so lange braucht: Er hat Wichtigeres zu tun, existentiell Wichtigeres: essen. Mein Kind isst fast ohne Unterbrechung: Nach dem Mittagessen schmiert er sich ein Schinkenbrot. Kurz darauf steckt er mit der Nase schon wieder im Kühlschrank und reißt den Fetakäse auf, den er sich in einer Schüssel mit ins Zimmer nimmt. Kurz darauf verschwindet er mit Nudelresten, die er mit Essig und Öl zu Salat anrührt, dann wieder treffe ich ihn am Vorratsschrank an, wo er sich gerade eine Dose mit Aprikosen holt, dann eine Packung mit Prinzenrollen-Keksen, dann Kräcker, dann Cornflakes. Und immer wenn ich ihn abfragen will, muss er gerade aufs Klo, das er mindestens eine geschlagene halbe Stunde blockiert.

Er isst noch mehr als ich. Dick wird er allerdings nicht davon. Im Gegenteil, er wird dünner, als er ohnehin schon war. Einen Bandwurm hat er aber offensichtlich nicht, sondern lediglich einen Wachstumsschub: Plötzlich geben gerade erst gekaufte Schlabberpullis seine knochigen Handgelenke frei, die Hosen, die kürzlich in modischer Überlänge erstanden wurden, offenbaren schon wieder die Fußknöchel, und schließlich müssen wir alle Schuhe ausmustern und neue in Größe 41 kaufen – eben war es noch die 39. Dann wachsen ihm auch noch Pickel auf der Stirn, und ein vernehmliches Brummen mischt sich in seinen Sopran – der Stimmbruch ist da. Und all das passiert quasi über Nacht.

Die Rasanz der körperlichen Veränderungen scheint ihn allerdings absolut zu schlauchen. Es ist, als verbrauche sein körperliches Wachstum alle Energie. Für die Hausaufgaben ist offenbar keine mehr übrig. Vielleicht starrt er darum Stunde um Stunde in die Bücher und Hefte und kann sich einfach nicht konzentrieren.

Eines Tages kommt er niedergeschlagen nach Hause und legt mir einen Lateintest auf den Küchentisch, auf dem eine große rote Fünf prangt. Und sofort fühle ich mich wie eine Versagerin: Als mein Mann sich im vergangenen Jahr um die Schulaufgaben gekümmert hatte, stand der Junge in Latein immer zwischen zwei und drei.

»Du bist zu gutmütig«, sagt mein Mann. »Du musst härtere Seiten aufziehen, sonst klappt gar nichts.«

Erst protestiere ich: »Was hat meine Gutmütigkeit bitte mit den Konzentrationsproblemen des Kindes zu tun?!«

Dann schaue ich den verpatzten Test genauer an. Der Stoff kommt mir völlig unbekannt vor. Schließlich stellt sich heraus, dass der Junge längere Zeit einfach so getan hat, als seien sie erst bei Kapitel 39. Tatsächlich sind sie aber schon viel weiter. Irgendwie muss er wohl gedacht haben, er komme damit durch und könne das Versäumte dann eben kurz vor der Klassenarbeit nachholen. Die allerdings ist schon für die nächste Woche anberaumt.

Je genauer ich die Situation analysiere, umso klarer wird mir, dass wir in einer absoluten Katastrophe feststecken: Jetzt muss nicht nur der verpasste Stoff auf einmal nachgeholt werden, sondern auch alles wiederholt und geübt werden für die Klassenarbeit. Das wird zeitlich enorm knapp, denn es drohen außerdem von allen Seiten weitere Klassenarbeiten und Tests, in Geschichte und Bio, in Musik und Religion. Außerdem steht ein Geigenvorspiel auf dem Plan, denn mein Sohn besucht ein musisches Gymnasium, und nur wenige Tage nach der Latein-Klassenarbeit ist eine in Englisch anberaumt. Das Schlimmste kommt aber erst: Mathe. Und davon verstehe ich noch weniger als mein Sohn.

Eigentlich heißt es immer, Gymnasiasten sollten selbständig genug sein, um den Schulstoff allein auf die Reihe zu kriegen. Zu meiner Zeit war das ja auch so. Als ich mich jetzt umhöre, stelle ich fest, dass das – zumindest in der Unterstufe – heute offenbar keiner mehr schafft. Eltern, die es wagen, ihre Kinder beim Lernen sich selbst zu überlassen, laufen Gefahr, dass diese meistens recht bald auf die Realschule wechseln müssen …

Weil ich mich nicht kampflos geschlagen geben

möchte, kontrolliere ich jetzt täglich das Aufgabenheft, prüfe jede schriftliche Hausaufgabe, lasse Fehler ausmerzen und Geschmiertes neu schreiben. Ich kaufe Übungsbücher für Latein und Englisch und verbringe die Wochenenden mit dem Jungen beim Pauken. Ich frage ab und ermuntere, motiviere, schimpfe und tröste und frage wieder ab. Den ganzen Nachmittag. Und den ganzen Abend. Jeden Abend.

Es ist nur so, dass ich sonst zu fast nichts anderem mehr komme: Permanent bleibt nasse Wäsche in der Trommel liegen, weil ich es irgendwie nie rechtzeitig schaffe, sie in den Trockenkeller zu hängen. Und dann muss ich sie noch mal waschen.

Zum Essen gibt es jetzt keine aufwendigen Gaumenfreuden mehr, sondern nur Gerichte, die schnell gehen: Nudeln mit Tomatensauce, Pizza aus dem Tiefkühlregal. Denn vor dem Essen und nach dem Essen muss ich ja abfragen.

In der Wohnung herrscht mittlerweile derselbe Schlendrian wie in früheren Zeiten, als ich noch nicht den ganzen Tag zu Hause war. Überall haben sich kleine Stapel mit Zetteln und bunten Haarspangen und Münzen und Stiften gebildet, die Fächer im Kühlschrank sind wieder verklebt wie eh und je, und die Garderobe im Gang biegt sich unter einer Last von Dingen, die da nicht hingehören: Turnbeutel und Sandschaufeln und Skateboardhelme und Altpapiertüten. Und obwohl ich den ganzen Vormittag fast ausschließlich mit dem Haushalt beschäftigt bin, werde ich mit all der Unordnung einfach nicht fertig.

Immer wenn ich gerade besonders genervt bin, ruft meine Mutter an. Sie fragt jetzt nicht mehr, was ich den ganzen Tag so tue. Jedenfalls nicht mehr so unverhohlen. Was sie stattdessen sagt, sind allerdings nur Variationen der immer gleichen Frage: »Stör ich gerade beim Putzen?« oder »Hast du Zeit, oder musst du dich um den Abwasch kümmern?« In jedem Wort schwingt unverkennbar Spott über die Mühsal meiner Spezies, der Hausfrauen, mit, weshalb ihre Anrufe mich alles andere als aufbauen. Doch ich beiße die Zähne zusammen und verzichte darauf, mich bei ihr über meinen Stress auszuheulen.

Meine Mutter ist allerdings gerade das geringste Problem. Schlimmer ist, dass kaum noch Zeit für die Kleine bleibt. Eine Weile versuche ich deshalb, die Bedürfnisse beider Kinder gleichzeitig unter einen Hut zu bekommen: Am Wohnzimmertisch macht der Große Aufgaben im Lateinübungsheft, während die Kleine ebenfalls »Hausaufgaben« macht, sprich: sie malt mit Wasserfarben. Aber dann will sie die Stifte ihres Bruders, erzählt Geschichten, will vorgelesen bekommen, und er kann sich nicht mehr konzentrieren.

Also versuche ich, ihn abzufragen und parallel dazu mit ihr Uno zu spielen, doch auch das klappt nicht richtig. Schließlich kapituliere ich einfach und setze sie öfter mal vor den Kinderkanal.

Zum Glück freundet sie sich immer enger mit der gleichaltrigen Nachbarstochter an, und das lässt mir an manchen Tagen mehr Zeit für das Lernen mit meinem Sohn. Allerdings auch nur, wenn die beiden Mädchen nicht ihr Lieblingsspiel spielen: das verkleidete Tanzen. Das geht so: Zunächst stellen sie den Kassettenrekorder ins Schlafzimmer und hüpfen zu Kinderliedern auf dem Bett herum. Nach etwa zehn Minuten aber will meine Tochter dann in einem Sommerkleid tanzen, bekommt aber den Reißverschluss nicht allein zu – also muss ich das machen. Anschließend will die Nachbarstochter auch ein Sommerkleid, aber ein eigenes, drum muss ich die beiden in das Treppenhaus bringen, denn jetzt wollen sie zur Freundin in die Wohnung unter uns, können aber den Lichtschalter im Treppenhaus noch nicht betätigen.

Als sie zurückkommen, hat sich die Kleine von unten statt für ein Sommerkleid doch für ein Dirndl entschieden, deshalb will meine Tochter auch ihr Dirndl tragen. Das allerdings hat eine lange Reihe von winzigen Knöpfen, die sie nicht zukriegt, und außerdem kann sie die Schleife der Schürze nicht binden, so dass schon wieder meine Hilfe gefragt ist und ich unterbrochen werde.

Als Nächstes schaffen die beiden es nicht, die Kassette umzudrehen, und anschließend entscheiden sie sich, jetzt in ihren Prinzessinnen-Faschingskleidern zu tanzen – also ziehen sie sich wieder um, müssen erneut nach unten in die Nachbarswohnung begleitet werden und so weiter und so fort.

Und jedes Mal, wenn ich schließlich zurück zu meinem Sohn komme, hat er die Zeit genutzt, um sich einen Joghurt zu holen, den er jetzt unbedingt noch leer löffeln will, oder sich einen Apfel einzuverleiben, und dann verschwindet er wieder zu ewigen Sitzungen auf dem Klo, diesem Asyl vor Müttern und Schulbüchern.

Ach, war das alles einfach, als er noch ein Grundschüler war: Die Hausaufgaben erledigte er komplett im Hort, und nur ab und an war mal was in Naturkunde zu lernen, und das ging immer fix, der

Junge hat ja eine schnelle Auffassungsgabe – jedenfalls hatte er sie damals noch. Mit dem Eintritt ins Gymnasium scheint sich aber alles geändert zu haben.

Manchmal frage ich mich, wie mein Mann das alles in dem Jahr geschafft hat, in dem ich unser Familienleben nur in homöopathischen Dosen mitbekam. Schließlich war *er* doch berufstätig! Im Moment aber kommt es mir so vor, als könne man eine Familie mit einem Gymnasiasten in der sechsten Klasse und einem Kindergartenkind nicht mal als Hausfrau reibungslos durch den Alltag manövrieren.

Mein Mann selbst allerdings trägt nicht wirklich zur Lösung des Mysteriums bei, denn immer wenn ich ihn frage, wirft er sich eitel in die Brust und hält mir Vorträge darüber, was ich alles falsch mache: Ich soll strenger sein, mehr darauf pochen, dass die Kinder ihr Zimmer täglich selbst aufräumen, und so weiter. Und immer wieder betont er, wie wichtig es sei, im Lateinübungsheft auf dem Laufenden zu bleiben. Leider sind wir da aber empfindlich im Verzug …

Schließlich horche ich den Großen vorsichtig aus, wie Papi das damals alles geregelt hat, und es stellt sich heraus, dass der längst nicht alles so korrekt überprüft hat, wie ich es jetzt tue. Die schriftlichen Hausaufgaben hat er quasi nie korrigiert und die Vokabeln nur stichpunktartig abgefragt. Die Kleine wurde trotzdem mitunter vor der Glotze geparkt, aber nur deshalb, weil Papa gern den Abend vor dem Computer verbrachte.

Die größte Überraschung erlebe ich aber, als ich

das Lateinübungsheft des vergangenen Jahres tatsächlich mal aufschlage: Der hintere Teil ist komplett leer, ab schätzungsweise April wurde hier gar nichts mehr eingetragen.

»Nun ja«, sagt mein Mann verlegen, »da war doch schon klar, dass der Junge gar nicht mehr durchfallen kann.«

Toll, und jetzt kann ich den ganzen Stoff mit ihm nachholen!

Als mein Sohn dann aber eine Zwei plus in Latein schreibt, habe ich wieder Oberwasser – und bin stolz, als hätte ich die Arbeit höchstpersönlich geschrieben. In meiner Schullaufbahn hatte ich nämlich niemals eine Zwei in diesem Fach, ja, ich war sogar so schlecht, dass ich auf eine lateinfreie Schule wechseln musste.

Mittlerweile beherrsche ich die übrigen Fächer aber ebenso miserabel wie früher Latein, besonders Mathe macht mir Probleme: Stunden verbringe ich grübelnd mit dem Mathematikbuch und dem Taschenrechner in der Hand und verstehe doch nur Bahnhof. Und wie, bitte, soll ich etwas korrigieren, wenn ich selbst gar keine Ahnung habe? Schließlich kapituliere ich und bitte meinen Mann, sich um den leidigen Rechenkram zu kümmern, denn er übt immerhin einen technischen Beruf aus. Das Problem ist nur: Manchmal kommt auch er nicht weiter. Insgesamt kommt es uns mittlerweile vor, als sei es viel leichter gewesen, selbst die Schule zu schaffen, als die Kinder durchzuschleusen.

Als die geballten Klassenarbeitstermine hinter uns liegen, entspannt sich der Alltag kurzfristig etwas. Nun hat mein Sohn auch wieder Zeit, Freunde einzuladen, und manche übernachten regelmäßig bei uns. Weil meine beiden Kinder mit einem Altersunterschied von sieben Jahren aufwachsen und sich deshalb schon an normalen Tagen oft in den Haaren liegen, treffen bei solchen Übernachtungsabenden zwei erbittert gegeneinander kämpfende Lager aufeinander, die gegensätzlicher nicht sein könnten: Wenn die großen Jungs beispielsweise gerade ihre Gitarren bearbeiten (denn sie üben für ihre Band), wollen meine Tochter und ihre Freundinnen sich gern mit ihren Plastikflöten und Blechxylophonen an dem Krach beteiligen. Das Geschrei ist dann groß, wenn sie von den Jungs kurzerhand rausgeworfen werden, woraufhin sie sich mit erbittertem Türenhämmern revanchieren.

Sind die jungen Damen aber gerade dabei, glücklich mit einem im Wohnzimmer aufgebauten Barbieschloss zu spielen, werden sie von den polternden Pubertisten gestört, die sie vertreiben wollen, um sich vor der im Wohnzimmer installierten Game Cube auszubreiten.

Meine Rolle an solchen Tagen ist die der Mediatorin und Krisenmanagerin, allerdings muss ich zugeben, dass ich diesen Job nicht gerade gut hinkriege: Das Gezanke ist oft kaum auszuhalten.

Also nehme ich die kleinen Mädels unter meine Fittiche und backe Weihnachtsplätzchen mit ihnen. Das habe ich nicht mehr gemacht, seit mein Großer ungefähr fünf war.

Zunächst gehen die Kleinen mit großer Begeisterung ans Werk, sie kneten und naschen und bestäuben die ganze Küche mit Mehl. Nach dem zweiten Blech verlieren sie aber die Lust und verziehen sich wieder, während ich noch eine halbe Ewigkeit ausrolle und aussteche und die Idee mit den Plätzchen insgeheim verfluche.

Aber wenigstens erfüllt jetzt leckerer Vorweihnachtsduft die Küche, und als ich fertig bin, versammeln sich alle Kinder einträchtig zum Kosten. Gekostet wird dann so lange, bis die Kekse alle sind. Zumindest spare ich mir dadurch an dem Abend das Kochen, denn jetzt sind alle pappsatt.

Eines Tages, als mein Sohn früher aus der Schule kommt, beschließe ich spontan, mittags mit den Kindern aufs Land zu fahren. Die Katze von Bekannten hat im Herbst Kätzchen bekommen, und die wollen wir uns nun ansehen.

Taktisch war das natürlich nicht gerade geschickt von mir: Klar, dass meine Kinder unbedingt ein Kätzchen mitnehmen wollen. Aber warum auch nicht? Schließlich ist ja jetzt immer jemand zu Hause, der sich um ein Haustier kümmern kann, nämlich ich.

Also entscheiden sich die Kinder für eine winzige Tigerkatze. Als wir dann, es wird schon dunkel, mit dem Tierchen nach Hause fahren, sind mein Sohn und meine Tochter ausnahmsweise mal ein Herz und eine Seele: Sie singen der kleinen Katze, die sich auf dem Schoß meines Sohnes zusammengerollt hat, gemeinsam ein Schlaflied. Und der Große verzichtet sogar darauf, seine Schwester, wie sonst so oft, besserwisserisch zu korrigieren, als sie den Text falsch singt.

Und wie ich so fahre und den Stimmen meiner Kinder aus dem Fond lausche – der hellen, feinen, die den Text verhunzt, und der leicht scheppernden, die immer wieder eine Oktave tiefer kiekst –, kann ich mein Glück plötzlich kaum fassen, dass ich für einen Moment wie diesen Zeit habe. Und ihn voll genießen kann.

Sparmaßnahmen

Lebensqualität ist nicht nur eine Frage des Einkommens, davon bin ich absolut überzeugt. Denn wer nur damit beschäftigt ist, Geld zu verdienen, kommt gar nicht dazu, das Leben zu genießen. Zwei Dinge erscheinen mir allerdings unverzichtbar: Eine zentral gelegene Wohnung in der Stadt und der alljährliche, mindestens zweiwöchige Anblick von Sonne und Meer. Mein Mann kennt mich gut, deshalb weiß er das natürlich, und er setzt es, gut dosiert, als Druckmittel ein, sooft er denkt, dass es die Situation erfordert.

Schmelze ich beispielsweise beim Anblick eines Babys im Bekanntenkreis nur so dahin und beginne, von einem Leben in der Großfamilie mit mindestens zwei weiteren Kindern zu schwärmen, so blickt er mich nur kühl an und sagt: »Kein Problem, müssen wir eben nur aufs Land ziehen, da sind die Mieten billiger. Und nie mehr in den Urlaub fahren.«

Und prompt gebe ich mich wieder damit zufrieden, bereits zwei fabelhafte Kinder zu haben.

Ganz klar war mir deshalb, dass er die Schreckenswörter »Landwohnung« und »Urlaubsstopp« sofort aussprechen würde, als ich beschloss, Hausfrau zu werden, und zukünftig ein Teil unseres Einkommens wegfallen würde. Diesmal ließ ich mich aber nicht ins

Bockshorn jagen, denn ich hatte mich auf die Situation gut vorbereitet: Ich schlüsselte ihm auf, dass ich als Hausfrau gar nicht so teuer käme, wie er denke – eigentlich sei ich sogar das reinste Schnäppchen.

Wirklich viel Geld kostet paradoxerweise nämlich die Berufstätigkeit. Da sind einmal die permanent erforderlichen Outfitwechsel, die ins Geld gehen, denn man muss ja repräsentieren und will außerdem die Kollegen nicht tagein, tagaus mit dem gleichen Anblick langweilen. Als Hausfrau komme ich dagegen die ganze Woche in Jeans über die Runden.

Auch die Verpflegung ist für Berufstätige besonders teuer. Für das Geld, das ich in meiner damaligen Firmenkantine für ein Mittagessen plus Getränk ausgeben musste, koche ich zu Hause eine fleischlose Mahlzeit für die ganze Familie.

Allerdings habe ich gar nicht ausschließlich in der Kantine zu Mittag gespeist, sondern oft auswärts im Restaurant. Denn so kam ich wenigstens einmal am Tag kurz raus, ich fand das nicht zu viel verlangt. Natürlich leistete ich mir bei solchen Gelegenheiten meist nur einen Teller Nudeln, doch inklusive Apfelschorle kamen dann mindestens zehn Euro zusammen, und weitere drei waren fällig, wenn ich mir auf dem Rückweg ins Büro noch einen Kaffee im Pappbecher mitnahm.

Kam ich dann rechtzeitig nach Hause, um mit der Familie zu essen, so war ich natürlich viel zu erschöpft, um noch den Herd anzuwerfen. Und deshalb wanderten wir dann in die Pizzeria oder zum Chinesen, und das so zweimal während der Woche. Und am Wochenende sowieso.

Außerdem schaute ich beim Lebensmittelkauf

grundsätzlich nie auf die Preise, weil ich für Preisvergleiche ganz einfach gar keine Zeit hatte. Ebenso wenig wie dafür, Kindersachen und Spielzeug auf dem Flohmarkt zusammenzusuchen.

Überhaupt ist einem als Vollzeit arbeitende Mutter für die Kinder nichts zu teuer, denn schließlich muss das Gewissen ja irgendwie beruhigt werden. Und so verging kaum eine Woche, in der ich nicht mit kleinen Mitbringseln aus der Buchhandlung, die in der Nähe meiner Arbeitsstätte lag, nach Hause kam. Das ist ja beileibe kein Luxus und keine Verzärtelung, wenn man Kinder ab und an mit Bilderbüchern oder Fantasy-Romanen versorgt. Sondern eher eine Fördermaßname. Doch bei den heutigen Preisen ließ ich selten weniger als fünfzig Euro in dem Geschäft. Die könnte man komplett sparen, wenn man eine öffentliche Bibliothek nutzen würde.

Weil man ja hart arbeitet und sich sonst nichts gönnt, fallen regelmäßig Kosten für Wochenendtrips, Kurzurlaube und schließlich den großen Jahresurlaub an. All diese Ferientage sind extrem wichtig, denn dies ist die Zeit, in der man die Kinder mal endlich ausgiebig genießen kann. Jetzt will man etwas ganz Tolles mit ihnen erleben, und gratis ist das nicht zu haben.

Um es kurz an einem Beispiel zu erläutern: Noch kurz vor meiner Kündigung waren wir zu viert vier Wochen lang in Südostasien – und das in den Sommerferien, wo die Flugreisen am teuersten sind. So was geht ins Geld.

Noch teurer allerdings war für uns damals die Kinderbetreuung. Es gab Zeiten, da mussten wir dafür üppige eintausend Euro pro Monat berappen.

»Langsam frage ich mich, wie wir uns deine Berufstätigkeit je leisten konnten«, erwiderte mein Mann trocken auf meine damaligen Ausführungen, denn natürlich war ihm nicht entgangen, dass ich bei meiner Aufrechnung einen Posten komplett unterschlagen hatte, nämlich meine – recht anständigen – früheren Einkünfte, mit denen wir all diese Kosten bequem zahlen konnten. Und auch abzüglich der Aufwendungen für Kinderbetreuung, Restaurantbesuche und so weiter war damals eine Menge Geld übrig, das jetzt in der Kasse fehlt.

Verheiratete Paare haben wenigstens die Möglichkeit des Ehegattensplittings, wir allerdings besitzen noch nicht mal einen Trauschein. Also muss ich jetzt lernen, gut mit unserem geschmolzenen Budget zu haushalten, sprich: zu sparen.

In eine günstigere Wohnung am Stadtrand zu ziehen kommt allerdings nicht in Frage. Denn bei einem Auszug müssten wir unsere derzeitige Wohnung erst mal komplett renovieren, was ja auch Kosten verursacht. Außerdem fielen bei der Wohnungssuche wahrscheinlich sogar Maklerkosten an, und weil manche unserer Ikea-Möbel gar keinen Umzug mehr überstünden, müssten wir auch noch neue Möbel anschaffen. Das alles ist momentan nicht drin. Das sieht zum Glück auch mein Mann so, der im Übrigen nur immer so tut, als mache es ihm selbst nichts aus, auf dem Land zu wohnen. Tatsächlich schätzt er die Innenstadtlage ebenso wie ich, zumal wir ausgesprochen ruhig und mit Blick ins Grüne residieren.

Das meiste Geld sparen die Deutschen beim Essen, so war das gerade wieder in der Zeitung zu lesen. Mir persönlich bereitet der Gedanke leichtes Unwohlsein, ich muss dabei an herabgesetztes Gammelfleisch denken. Am Fleisch möchte ich deshalb ungern sparen, das hole ich weiterhin im Bioladen. Aber weil wir ohnehin nicht dauernd Fleisch essen mögen, fällt dieser Posten gar nicht so sehr ins Gewicht. Gespart wird also beim Rest. Auf Anraten meines Mannes fahre ich nun in den nächsten Großmarkt – dort hat er im vergangenen Jahr öfter eingekauft. »Da gibt's alles«, sagt er, auch Sonderangebote.

*

Es ist kein schönes Einkaufserlebnis. Die Einkaufswagen sehen so grauenhaft aus, dass ich die Griffe nur ungern anfasse. Weil ich mir solche Empfindlichkeiten jetzt aber kaum mehr leisten kann, packe ich beherzt zu und stemme den unhandlichen Riesenwagen durch die Regalgänge. Es gibt offenbar wirklich alles, allerdings ist schwer herauszufinden, wo genau, so dass der Einkauf Ewigkeiten dauert.

An der Kasse stelle ich dann fest, dass sich Waren für 170 Euro angesammelt haben. Das war gar nicht geplant. Aber wahrscheinlich reicht das alles jetzt für eine Ewigkeit. Doch schon ein paar Tage später ist die Milch wieder alle, und wir brauchen außerdem frischen Salat und Obst. Dafür muss ich in den nächsten Monaten keinen Kaffee mehr kaufen, denn der war im Großmarkt gerade im Angebot, so dass ich mich damit gleich stapelweise eingedeckt habe. Jetzt wird mir auch klar, warum so unsinnige Mengen Markensenf und Jodsalz in unserem Vorratsschrank lagern – es handelt sich um Angebote aus dem Großmarkt, bei denen mein Mann nicht widerstehen konnte und die jetzt unsere Regale blockieren.

Besonders stressig wird das Einkaufen im Großmarkt, wenn meine Tochter mitkommt. Sie nölt zwar auch in jedem normalen Supermarkt nach Kaugummis, aber da fällt es ja noch leicht, mal nachzugeben. Je mehr es zu kaufen gibt, umso mehr Anreiz hat sie auch zum Betteln, und im Großmarkt heult und krakeelt sie nur noch.

Kurz nach Weihnachten ist eines Tages im Untergeschoss des Großmarktes eine Faschingsabteilung aufgebaut, und meine Tochter ist von all den Glitzerkrönchen und Tüllkleidchen nicht mehr wegzubewegen. Nicht, dass ich ihr grundsätzlich das alljährliche Prinzessinnengewand verwehren wollte – es sollte nur einfach ein hübscheres sein als diese schlecht vernähten Teile hier und möglichst aus einem Laden mit größerer Auswahl.

Und mit diesem Argument locke ich sie dann tatsächlich aus dem Untergeschoss, trockne die Tränen, verspreche Kaugummis von der Quengelzone an der Kasse und dass wir ganz bald in einen richtigen Faschingsladen gehen und ein wunderschönes rosafarbenes Kleid mit Krone kaufen.

Doch als wir uns oben in die Schlange einreihen, sehe ich es: Es gibt noch eine zweite Faschingsabteilung, diesmal so kassennah, dass es für Eltern kein Entrinnen mehr gibt. Und da auch ich zu keinem Widerstand mehr fähig bin, kaufe ich ihr schließlich ein kunstseidenes Fähnchen, an dem alles ziemlich billig wirkt – bis auf den Preis.

Immer noch führe ich kein Haushaltsbuch, aber immerhin sammle ich die Quittungen. Und eines Tages setze ich mich daran, den Ausgabendurchschnitt der Großmarkteinkäufe zu ermitteln. Die Summe ist gigantisch. Also wird mir klar, dass kein Mensch im Großmarkt mit seinen Versuchungen sparen kann.

Darum geht es jetzt in die Niederungen der Shoppingkultur: zu Aldi. Zum Glück bin ich durch die regelmäßigen Besuche in dem etwas schmuddeligen Großmarkt schon ziemlich abgehärtet, so dass mir der Aldibesuch keine größeren Probleme bereitet. Dafür erlebe ich dann eine positive Überraschung: Die Kosten für die Lebensmittel kann ich radikal senken, und schlecht schmeckt die Billigware nicht – Obst und Gemüse sind jedenfalls immer frisch.

Dann ist im Kindergarten ein Flohmarkt anberaumt, so wie jede Saison. Nur dass ich bisher noch nie Zeit für so was hatte. Diesmal plane ich aber nicht nur den Besuch des Marktes – ich will sogar selbst verkaufen.

Die Kleine findet das total aufregend und sammelt in einer großen Tüte freiwillig Spielzeug, für das sie sich schon zu alt fühlt. Ich hole die zu klein gewordenen Sachen aus dem Keller, und der Große gibt uns ein paar Fußballschuhe mit, die nicht mehr passen und die er nur ein paarmal getragen hat. Wir werden richtig Kohle einfahren, da sind wir uns sicher.

Es ist ein wunderschöner sonniger Wintertag, und endlich liegt Schnee, doch statt rauszugehen, verbringen wir den Nachmittag damit, unsere ausrangierten Sachen in der stickigen Turnhalle auszupacken, sie auf einem Tapeziertisch zu drapieren – und sie dann nach drei nicht enden wollenden Stunden wieder einzupacken. Denn die verwöhnten jungen Innenstadt-Mamis, die diesen Flohmarkt besuchen, haben es offenbar gar nicht nötig, unsere gebrauchten Klamotten zu kaufen. Sie wollen sie zum Teil noch nicht mal gratis, wie ich feststelle, als ich gegen Ende versuche, ein paar Sachen – die kaum getragenen Lauflernschühchen, den süßen Strampler von GAP – zu verschenken. Zu meinem Trost nehmen auch die übrigen Anbieter fast alles wieder mit nach Hause.

An jenem Tag – es ist einer der wenigen, an dem Schnee liegt – sind wir mit dem Schlitten unterwegs. Und weil wir über unseren geschäftlichen Misserfolg etwas frustriert sind, ziehe ich meine Tochter und den blauen Sack mit den alten Sachen noch auf den Rodelberg. Es ist schon ganz dunkel, doch auf dem Berg neben dem Patentamt ist noch richtig was los. Wir haben einen Höllenspaß, die Kleine wagt sich sogar über eine kleine Schanze und kreischt vor Vergnügen. Den Plastiksack lasse ich derweil an der Straße stehen, in der vagen Hoffnung, irgendjemand würde ihn einfach mitnehmen.

Leider ist das nicht der Fall, und so muss ich ihn später, als wir schon rote Backen und kalte Zehen haben, wieder mit nach Hause ziehen. Ein paar Geldscheine wären mir lieber gewesen, die wiegen weniger.

✶

Wie ich bald feststelle, ist es zum Glück nicht so, dass ich mich an das Sparen erst groß gewöhnen muss. Eher ist es eine Rückkehr in die Normalität, denn auch früher hatte ich nie sehr viel Geld zur Verfügung: Kaum dass ich als junge Frau beruflich Fuß gefasst hatte, war ich auch schon eine alleinerziehende Mutter, und der Löwenanteil meiner Einkünfte ging für Kinderbetreuungskosten drauf.

Als wir dann mit meinem Mann zusammenzogen und wir uns die Lebenshaltungskosten und die teure Miete teilen konnten, war ich kurz darauf wieder schwanger und ging bald in den Erziehungsurlaub. Also war das Geld schon wieder knapp. Und in den Jahren danach reichten die Gehälter gerade so aus, um die in den Notzeiten entstandenen Löcher zu stopfen. Der Vorteil: Einen wirklich verschwenderischen Lebensstil konnte ich mir gar nicht erst angewöhnen.

Das findet auch mein Friseur, den ich früher aus Zeitnot immer erst dann konsultierte, wenn der dunkle Haaransatz schon zwei Zentimeter lang war.

»Jetzt werde ich regelmäßig kommen«, kündige ich ihm zu Beginn meines Hausfrauendaseins an. »Vielleicht werde ich sogar eine von diesen Luxushausfrauen«, witzle ich, »und lasse mir wöchentlich die Locken glätten, die Brauen färben oder die Nägel maniküren. Ich lasse mich so richtig verwöhnen.«

»Vergiss es«, sagt der Mann aus langjähriger Berufserfahrung. »Dazu bist du gar nicht der Typ.«

Tatsächlich stellt sich heraus, dass wir wirklich wenig konsumieren: Als der Schnee nach ein paar Tagen geschmolzen ist, kutschiere ich wieder mit dem Fahrrad durch die Gegend, das verbrennt Kalorien und spart sowohl Benzin als auch die lästige Parkplatzsuche und die permanenten Knöllchen. Kinderklamotten hole ich ausschließlich bei H&M oder C&A und meist sogar auf Kosten meiner Mutter, die es sich noch nie nehmen ließ, ihre Rente in Kleidung für die Enkel zu investieren. Und ich selbst brauche gar nicht viel: Mal eine neue Creme für 5,95, mal einen herabgesetzten Pulli. All das zahle ich fast ausschließlich von dem Kindergeld, das nach wie vor auf mein Konto überwiesen wird. Und so bleibt es mir erspart, meinen Mann um Taschengeld zu bitten.

Ansonsten verzichten wir auf häufige Restaurantbesuche und Wochenendtrips zu Freunden in fremden Städten. Auf diese Weise ist das Leben eigentlich gar nicht so teuer, und es fehlt uns an nichts.

Eines Tages dann gibt unser Reiskocher mit brenzligem Gestank von verschmortem Plastik seinen Geist auf. Das ist noch zu verkraften, ebenso wie der Tod des Toasters, der kurz danach eintritt. Wenige Tage darauf fällt aber auch noch die Waschmaschine aus, und da sie bereits dreizehn Jahre auf dem Buckel hat, lohnt sich eine Reparatur nicht. Wir müssen sie ersetzen.

Ein wenig atme ich jetzt auf, denn innerlich bin ich überzeugt, nach drei Mal müsse Schluss mit dem Unheil in Serie sein. Doch leider geht auch noch die Benzinpumpe des Autos kaputt. Dann beiße ich mir eine Plombe aus, die mit einer teuren Teilkrone ersetzt werden muss. Und schließlich zieht sich die Katze eine chronische Blasenentzündung zu und muss ständig zum Tierarzt gebracht werden, und solche Besuche werden selten unter siebzig Euro abgerechnet.

Angesichts der Flut der Rechnungen kommt es mir dann geradezu lächerlich vor, bei Aldi läppische zehn oder zwanzig Euro sparen zu wollen. Zumal die Familie sich ohnehin in stillem Protest weigert, Käse oder Brot vom Billighersteller zu sich zu nehmen, und sich stattdessen auf den Bioschinken, die eingelegten Oliven und das Demeterbrot kapriziert, die mein Mann samstags auf dem Wochenmarkt kauft. Denn er findet, dass er hart genug arbeitet, um sich wenigstens ein paar Lebensmittel zu leisten, die ihm wirklich schmecken. Selbst schuld, ich muss das Geld ja nicht verdienen! Also gehe ich fortan auch wieder auf den teuren Markt und frequentiere wieder einen gepflegten Supermarkt, der zwar einen Tick teurer ist als Aldi, dafür aber eine größere Auswahl bietet.

Immerhin putze ich selbst und leiste mir keine Putzhilfe, das fände ich als Hausfrau total dekadent. Und ein Au-pair haben wir ja auch längst nicht mehr. Wenn wir abends mal ausgehen wollen, kann der Große auf seine Schwester aufpassen. Beide Kinder finden die Idee toll und fühlen sich dadurch selbständig. Nur dass wir Gluckeneltern uns dann doch nicht trauen, sie sich selbst zu überlassen. Wenigstens ab und an könnte man sich doch wirklich eine Babysitterin leisten …

Das ergibt sich kurz darauf fast wie von selbst: Im Kindergarten gibt es eine sehr nette Praktikantin, die auch schon viel Erfahrung als Babysitterin besitzt, und sie nimmt nur sechs Euro die Stunde. Das geht ja noch, finden wir.

Als wir aber spätnachts nach Hause kommen, beschließen wir, dem Mädchen außer dem verdienten Geld auch noch ein Taxi zu bezahlen. Sie ist ja erst siebzehn, fast selbst noch ein Kind, und wir bringen es nicht übers Herz, sie einfach so in die Nacht rauszuschicken. Langsam dämmert uns, dass wir anscheinend nicht in der Lage sind, wirklich sparsam mit unserem Geld umzugehen …

Dann kommt dieser verregnete Sonntagabend nach einem verregneten Wochenende, an dem meinen Mann urplötzlich ein Heißhunger nach frischen Steaks befällt. Er führt uns aus in ein Steakhaus, in dem wir dann fast hundert Euro lassen. Ich zucke regelrecht zusammen, als die Bedienung uns den Rechnungsbetrag nennt, denn ich bin das Auswärtsessen schon gar nicht mehr gewöhnt. Mein Mann aber meint, es mache für ihn keinen Sinn, dauernd hart zu schuften, wenn er sich gleichzeitig absolut nichts mehr leistet. Lieber will er sich noch intensiver um seine Karriere kümmern, als immer nur zu verzichten. Darum gehen wir alle jetzt wieder öfter gemeinsam essen, schließlich soll sein beruflicher Ehrgeiz ja nicht dadurch behindert werden, dass seine Familie ihm keinen Ansporn zum Geldverdienen liefert.

Einem Sparvorsatz bleiben wir allerdings treu: Geurlaubt wird zu Hause. Wir wollen die oberbayerischen Seen erkunden und die Tage auf Balkonien ausklingen lassen, das ist der Plan. »Für mich ist das okay. Das ist doch mal eine echte Abwechslung von unseren üblichen Urlauben«, sagt mein Mann.

Ganz kurz schiebt sich das Bild eines Sandstrandes vor mein geistiges Auge, und ich sehe uns vier lachend in ein türkisfarbenes Meer laufen. Im nächsten Moment habe ich mich wieder unter Kontrolle, und die schöne Wunschvorstellung verblasst. »Ich finde es auch okay«, sage ich tapfer. »Aber wenigstens in die Berge könnten wir mal fahren und auf einer Hütte übernachten. An Pfingsten, wenn es noch nicht so heiß ist. Das müsste doch im Budget drin sein, oder?«

»Bestimmt«, sagt mein Mann. »Das ist ja nicht so teuer. Besonders, wenn man Mitglied im Alpenverein wird.«

»So machen wir´s«, sage ich. Und dabei bleiben wir. Ganz sicher!

Der Ausbruch

In dem Mietshaus, in dem ich früher als junge alleinerziehende Mutter wohnte, lebte ich Wand an Wand mit einer Frau, die ebenfalls ein Kind hatte, die aber – anders als ich – nicht berufstätig war. Manchmal begegnete ich ihr im Treppenhaus, und ab und an trafen wir uns zufällig auf dem Spielplatz. An sich war sie nett, jedenfalls zu mir.

Was mir nicht an ihr gefiel, war, wie sie mit ihrem kleinen Jungen umging: Die meiste Zeit schien sie total genervt von ihm zu sein. Wollte er am Spielplatz auf ihren Schoß klettern, dann herrschte sie ihn an, doch wenigstens hier mal ein paar Minuten Ruhe zu geben. Machte er seine Windeln voll, stöhnte sie ein ungeduldiges »Nicht schon wieder«. Ließ er seinen Keks in den Sand fallen, wies sie ihn zurecht, doch mal besser aufzupassen. Und an den Abenden hörte ich oft – die Wände waren dünn –, wie sie das Kind anschrie, weil es irgendetwas getan hatte, das, was auch immer es gewesen sein mochte, kaum eine Standpauke von dem Ausmaß rechtfertigte, wie sie an mein Ohr schallte. Schließlich handelte es sich ja noch um ein Kleinkind!

Ich als berufstätige Frau dagegen flippte nie aus, wenn mein Kleiner ein Saftglas umstieß. Und ich reagierte auch kaum genervt, wenn er sich sein Sonnenhütchen zum dreizehnten Mal vom Kopf riss. Denn die Momente mit dem Kind waren die Highlights in meinem Alltag, und ich genoss sie mit Engelsgeduld und sanftem Lächeln. Und wenn ich – damals und in den Jahren danach – irgendwo eine weibliche Stimme vernahm, die sich überschlug, nur weil ein Kind mit eisverklebten Händen Mamas T-Shirt mit Flecken verunzierte, war ich mir sicher: Das muss eine Hausfrau sein. Denn ich war der Meinung, dass der Dauerkontakt mit den Kindern Mütter unbeherrscht macht.

Vielleicht hätte ich mal an die ungeduldige Nachbarin denken sollen, bevor ich meinen Job kündigte. Vielleicht war ich auch einfach nur überzeugt, dass mir solches Genervtsein vom Wesen her grundsätzlich fremd war. Jetzt, wo ich selbst Hausfrau bin, stelle ich aber fest, dass Hausfrauen wirklich leichter gereizt auf ihre Kinder reagieren. Ich für meinen Teil jedenfalls werde von Tag zu Tag unbeherrschter.

Es fängt noch relativ harmlos an: Zunächst mischen sich ab und zu unwirsche Sätze in meine Kommunikation mit den Kindern. Zum Beispiel: »Musst du immer so trödeln.« Oder: »Komm, schlaf nicht im Stehen ein.« Immer öfter entweichen meinem Mund außerdem die Worte »Schluss jetzt« oder »Es reicht«. Und eines Tages sage ich dann einen Satz, den man – so finde ich zumindest theoretisch – eigentlich nie zu Kindern sagen sollte. Besser gesagt: Ich brülle ihn. Der Satz lautet: »Ihr nervt total.«

All dies sind Reaktionen auf das ständige »Mama, Mama, Mama«, das die ganze Zeit an mein Ohr schallt: »Mama, wo ist meine Fahrkarte?« »Mama, darf ich Game Cube spielen?« »Mama, wann gibt's Essen?« »Mama, darf ich an die Süßigkeitenkiste?« »Mama, wieso muss ich jetzt aufräumen und nicht später?« »Mama, kannst du mir das Puzzle vom Regal holen, das gelbe Barbiekleid suchen, ein Zelt im Wohnzimmer aufbauen, das Lillifee-Buch vorlesen? Mir Geld für neue Kopfhörer geben, mein Karohemd bügeln, neue Schuhbänder für meine Chucks kaufen, meine Badehose suchen?« »Mama, Mama, MAMAAAA!!!!«

Je häufiger aber dieses Mama-Mantra erschallt, umso kürzer wird meine Zündschnur, und die Explosionen finden in immer kürzerer Zeitfolge statt. Kurz: Alles nervt mich, und das merkt man.

Das ist schon morgens so, wenn der Große mal wieder im letzten Moment mit einem zerknitterten Schulzettel für das Büchergeld oder den nächsten Schulausflug ankommt, der eigentlich schon vor Tagen unterschrieben abgegeben werden sollte. Früher hätte ich das Blatt kommentarlos unterzeichnet. Jetzt rege ich mich so über seine ständige Vergesslichkeit auf, dass ich ihn nicht nur anschnauze, sondern ihm auch noch das Taschengeld für die nächste Woche streiche.

»Hey, komm runter«, sagt mein Mann, »der Junge schreibt doch gleich eine Klassenarbeit, jetzt mach ihn doch nicht kurz davor fertig.«

Ich explodiere auch regelmäßig am Abend, zum Beispiel, wenn die Kleine sich an den Tisch setzt und sofort anfängt zu nölen: »Nudeln?! Ich wollte aber gar keine Nudeln! Nudeln gab's ja schon im Kindergarten. Ich will Pommes! Sonst esse ich gar nichts!«

Früher hätte ich mir ein lustiges Spiel ausgedacht,

zum Beispiel, dass die Nudeln jetzt weinen, weil die Kleine sie nicht mag. Und dass es sein könnte, dass sie anfangen zu kichern, sobald sie eine Gabel voll probiert hat. Dann hätte ich bei der ersten Gabel leise gekichert, und die Kleine hätte auch lachen müssen, und das Spiel wäre weitergegangen, bis der Teller leer gewesen wäre.

Heute kommt von mir nur ein harsches: »Dann isst du eben nichts!« Und ich stelle ihren Teller zurück in den Schrank, und die Kleine bricht in Tränen aus.

»Also hör mal«, sagt mein Mann, »du musst doch nicht gleich überreagieren. Sie ist doch noch so klein. Und es ist doch schon spät, kein Wunder, wenn sie da ein bisschen überdreht ist.«

Doch so leicht lasse ich mich heute nicht beschwichtigen, auch er bekommt sein Fett ab. Denn was weiß er schon? Schließlich ist er den ganzen Tag im Büro, und abends lungert er die ganze Zeit auf dem Sofa herum und sieht fern. Und ich bin es, die dann noch die Kleine in die Wanne setzt. Und die später überprüft, ob der Große seine Zähne auch in den Zwischenräumen der festen Spange gründlich genug geputzt hat und ob sein Sportzeug für morgen frisch gewaschen ist.

Und apropos Putzen und Waschen: Ich allein bin es schließlich, die den ganzen Tag trockene Wäsche abnimmt und nasse aufhängt, den Boden scheuert, auf den dann gleich wieder gekrümelt wird. Ich bin es, die die Schuhe wegräumt, die kurz darauf wieder überall als Stolperfallen in der ganzen Wohnung herumliegen, und die sich den Rücken an den schweren Einkaufstaschen krumm macht und ständig seine bescheuerten Hemden bügelt.

»Du wolltest es ja so«, sagt mein Mann. »Es hat dich keiner gezwungen, im Gegenteil.«

Damit hat er natürlich recht.

Stimmt, ich wollte es so. Ich dachte, ich nehme den ganzen Haushaltskram gern in Kauf, wenn ich dafür endlich mehr Zeit für die Kinder habe. Und theoretisch finde ich immer noch, dass das ein guter Deal ist, zumindest eine Zeitlang.

Praktisch sieht es aber so aus: Ich kann die Kinder im Moment gar nicht richtig genießen, weil mir alles gerade etwas über den Kopf wächst. Aber kann das denn sein? Es ist doch nur ein Dasein als Hausfrau und Mutter, das ich da führe, schließlich leite ich ja keine Werbeagentur oder einen Pizzaservice oder ein Großunternehmen.

Dann kommt mir der Gedanke, den ich früher als berufstätige Frau als lächerlich empfunden hätte: Hausfrauen haben genauso viel Stress wie berufstätige Mütter, wenn nicht noch mehr. Es ist tatsächlich so, ich hätte es nie geglaubt!

Und das ist wahrscheinlich der Moment, in dem ich selbst mit Haut und Haaren zu einer Hausfrau geworden bin. Die Übergangszeit, wo das Ganze noch so eine Art Spiel war, ist vorbei, und endlich kapiere ich die harte Realität des Hausfrauendaseins: dass putzen nicht nur lästig ist, sondern echten Frust auslösen kann, weil es kein Erfolgserlebnis gibt, sondern nur immer neuen Dreck. Ebenso ist es mit den Schularbeiten: Nach einer Klassenarbeit ist vor einer Klassenarbeit. Und nicht mal in den Ferien ist Ruhe, denn da muss der Stoff wiederholt werden.

Und mir wird auch klar, dass Kinder die meiste Zeit verdammt anstrengend sind und nur manchmal wunderbar und entzückend. Früher dachte ich, es sei andersherum.

Je gestresster ich mich aber fühle, umso stressiger führen die Kinder sich auf. Es ist ein Teufelskreis. Leider lässt er sich durch die reine Erkenntnis nicht durchbrechen.

Eines Nachmittags sitze ich etwas trübsinnig auf der Bank am Spielplatz und sehe einer Frau zu, deren Tochter den gleichen Kindergarten wie meine besucht und von der ich weiß, dass sie ein Modeunternehmen leitet: Unermüdlich malt sie mit Straßenkreiden bunte Prinzessinnen auf den Asphalt und bezaubert damit ein ganzes Rudel kleiner Mädchen. Dann baut sie auch noch mit den Kindern eine Burg in der Sandkiste. Obwohl sie elegante Stiefeletten mit kleinen Absätzen trägt und ihr zweites Kind, ein sieben Monate altes Baby, an ihrer Hüfte mit sich herumschleppt, tollt sie über den Spielplatz, als wäre das die reinste Freude. Ich dagegen stöhne schon auf, weil meine Tochter nur kurz auf der Schaukel angeschubst werden will. Nur gut, dass das dann auch die nette Mama mit den Stiefeletten übernimmt, da kann ich wieder in meine Zeitung gucken. Wo nimmt die Frau diese Energie bloß her?

Ich war als berufstätige Frau ganz genauso, erinnere ich mich: In der Zeit, die für die Kinder blieb, war ich meistens voll und ganz bei ihnen. Schon jetzt, nach nur wenigen Monaten, kann ich nicht mehr nachvollziehen, wo die Power herkam. Jetzt habe ich jedenfalls keine mehr.

Ich muss mir eingestehen: Ich habe es mir anders vorgestellt, das Hausfrauenleben. Gemütlicher. Ich wollte dabei auch etwas mehr Zeit für mich haben.

Mal wieder mehr lesen, die eine oder andere Ausstellung besuchen. Sehr viel öfter mit Freundinnen Kaffee trinken. Einfach mal meine Ruhe haben.

Und endlich merke ich, was falsch läuft: Ich muss mich einfach mal abseilen und Abstand finden. Darum buche ich einen Flug zu meiner Freundin nach Berlin, und zwar gleich für den übernächsten Tag. Mein Mann ist so widerstandslos einverstanden mit der Idee, dass ich denke, er ist auch ganz froh, mich mal ein paar Tage nicht ertragen zu müssen. Für die Kleine organisiere ich in Windeseile Betreuungslösungen für die Lücke zwischen Kindergartenschluss und Papis Feierabend. Und der Große kann sowieso gut mal auf sich selbst aufpassen.

Der Abend vor dem Flug wird dann zu einem der entspanntesten seit langem, wahrscheinlich weil ich die Kinder schon vermisse, obwohl ich noch gar nicht weg bin: Jetzt können die Kids gar nichts falsch machen, so großartig finde ich sie in dem Wissen, dass ich sie drei Tage nicht sehen werde. Ach, wie niedlich mein kleines Spätzchen doch ist, als es sich mit frechem Lachen vom Zähneputzen losreißt, um sich hinterm Sofa oder unter dem Bett zu verstecken. Diesmal empfinde ich sie als gar nicht so anstrengend, sondern als charmant und witzig. Und dass mein großer Junge die Musik in seinem Zimmer nie leiser dreht, kann ich auch verkraften, schließlich beweist er guten Geschmack, denn was uns da beschallt, sind immerhin die Red Hot Chili Peppers. Er ist eben ein cooler Kerl.

Sehr egoistisch finde ich meine Familienflucht nicht, denn viele Mütter, die ich kenne, leisten sich ab und an ein paar Tage Abstand. Ein paar von ihnen beispielsweise frequentieren regelmäßig gemeinsam ein Wellnesshotel mit dem malerischen Namen Seegarten. Dort lassen sie sich dann den ganzen Tag pflegen, und abends picheln sie gemütlich einen. Ich bin bisher nie mitgefahren, denn ich war früher sowieso nur selten bei den Kindern – da hätte ich es nicht übers Herz gebracht, mich auch noch ohne sie zu entspannen.

Jetzt, wo das Familienleben bei mir aber zum Dauerprogramm gehört, habe ich kein Problem mehr, mal abzuhauen. Wellness brauche ich dabei gar nicht, denn was ich in meinem Kurzurlaub mache, ist viel besser als Massagen und Peelings: Ich tue einfach so, als sei ich jünger und hätte noch keine Familie. Die ersten Frühlingstage verbringe ich mit Bummeln und Kaffeetrinken und Shoppen und Spazierengehen. Abends gehe ich essen, dann feiern. Ich verabrede mich mit lauter alten Freunden und Freundinnen. Ich schlafe bis mittags aus. Und immer ist meine beste Freundin um mich herum. Es ist wie ein Ausflug in die Vergangenheit, als wir noch zusammen in einer WG wohnten und mehr Zeit für die leichten Dinge des Lebens hatten.

Das Einzige, was mir ein wenig den Spaß verdirbt, sind die Anrufe von zu Hause: Nein, sagt mein Mann, gut ginge es ihm nicht gerade, schließlich habe er die Küche vorgefunden, als sei darin eine Bombe explodiert. Tja, so ist das eben, wenn ich mal nicht da bin, könnte ich mich jetzt freuen. Ich freue mich aber nicht, sondern ärgere mich nur über seinen Kommentar.

Der nächste Anruf kommt zwei Stunden später, es ist die Kleine, die verzweifelt weint, weil ich nicht da bin. Sie weint auch verzweifelt, wenn der Papa mal beruflich weg ist, dann lasse ich sie aber nicht ans Telefon, denn ich weiß, das ist jetzt nur die Müdigkeit, in einer Minute fallen ihr die Augen zu, und sie denkt gar nicht mehr daran. Mir ist klar, dass es nicht anders sein wird, wenn ich statt des Papas weg bin, und trotzdem quäle ich mich nun mit einem schlechten Gewissen, das sich erst durch ein Glas Wein ein wenig beruhigen lässt.

Dann, ich habe das zweite Glas in der Hand, ruft mein Sohn an und will mit mir die Dosierungsanleitung für den Paracetamol-Saft durchsprechen, denn Papa schläft schon. Den Jungen plagen aber arge Schmerzen, weil die feste Spange mal wieder nachgezogen wurde. Den restlichen Abend quält mich nun der Gedanke, er könnte doch versehentlich zu viel von dem Schmerzmittel einnehmen, also muss ich noch mehr Wein trinken.

Trotz der ganzen Telefoniererei genieße ich die Zeit so sehr, dass ich am letzten Tag nach dem Aufstehen sogar eingestehe, dass ich ganz gern eine Zeitlang so weitermachen würde. Das Gefühl hält aber nur bis zum Abend an, als ich mit meiner Freundin beinahe meinen Abflug verplaudere und danach wie auf glühenden Kohlen mit ihr im Stau in ihrem Wagen sitze. Je näher die Zeit für den Abflug rückt, umso heftiger sehne ich mich nämlich nach meiner Familie. Zum Glück hat sich der Flieger dann genauso verspätet wie wir, so dass alles gutgeht.

Zu Hause erlebe ich dann eine Überraschung nach der anderen: Die Wohnung ist geputzt, der Kühlschrank aufgefüllt, und es gibt Spaghetti Bolognese. Und trotz der Anrufe haben sie mich anscheinend gar nicht sooo sehr vermisst, sondern sind letztlich prima klargekommen.

Und noch etwas überrascht mich positiv: Ich finde alle gar nicht mehr nervig. Den souveränen Mann, der mir den Parmesan auf den Teller reibt, ebenso wenig wie den süßen Jungen mit der Lockenmähne, der mich sogar kurz umarmt, oder das bezaubernde kleine Mädchen, das meine Hand nicht mehr loslassen will.

Und wenn ich sie alle in ein paar Monaten plötzlich wieder nicht mehr ertragen kann? Nun, dann gibt es da auch noch einige Freunde in Hamburg, die ich wirklich längst mal wieder besuchen wollte …

Die Verwandlung zum Dummchen

Ganz zu Beginn meines Hausfrauenlebens – nach etwa drei Monaten – verabredete ich mich einmal mit einem ehemaligen Kollegen zum Mittagessen. Es wurde eine lange Mittagspause: Wir bestellten mehrere Gläser Weinschorle, lehnten auch den Grappa, den der Kellner uns später zum Kaffee anbot, nicht ab und saßen noch an unserem Tisch, als die anderen Mittagsgäste schon zurück in ihre Büros gezogen waren. Recht bald hatte sich noch ein anderer Kollege, der hier auch gerade seine Pause verbrachte, vom Nachbartisch zu uns gesetzt, und die beiden unterhielten mich mit kleinen Anekdoten und Lästereien über die Redaktion, in der sie arbeiten.

Über meinen Alltag dagegen gab es nicht viel zu erzählen, zumindest nichts, was zwei berufstätige Männer groß interessieren würde. Die beiden wollten dann auch hauptsächlich nur eines von mir erfahren: Ob mir schon die Decke auf den Kopf falle? Und wann ich so weit sei, es zu Hause nicht mehr auszuhalten? Sie jedenfalls, da waren sie sich sicher, würden es keine vier Wochen ohne Job aushalten.

Da kannten sie mich aber schlecht! Ich kann mir nämlich durchaus vorstellen, es länger ohne Arbeit auszuhalten.

Nun ja, sie haben mich eben jahrelang als engagierte Kollegin erlebt und daraus die falschen Schlüsse über meine eigentliche Wesensart gezogen. Doch ich hatte ja nicht zum Spaß gearbeitet. Arbeit war für mich immer nur Mittel zum Zweck, genauer gesagt: Ich musste einfach Geld verdienen. Klar war ich bereit, vollen Einsatz zu bringen, die Leute sollten ruhig einen Gegenwert für das Gehalt bekommen, das sie mir zahlten, das war nur fair. Das bedeutete aber nicht, dass ich das Ganze freiwillig machte, es geschah nur aus der Not heraus. Und aus purer Angst. Man nennt das auch: Sicherheitsdenken.

Ich habe auch nie zu den Menschen gehört, die im Urlaub nicht ausspannen können, im Gegenteil: Sobald ich einen Urlaubsflieger bestieg, war der Job vergessen, und ich kam wieder zu mir. Erst in arbeitsfreien Zeiten hatte ich immer das Gefühl, ganz ich selbst zu sein. Dafür war dann am letzten Urlaubstag der Katzenjammer groß, manchmal gab es sogar eine mittlere Krise.

Arbeit wird meiner Meinung nach heutzutage sowieso überbewertet, ich halte es dabei lieber mit den Zeitgenossen vergangener Epochen. So tat der Schriftsteller Aldous Huxley einmal kund, dass er »wie jeder vernünftige und empfindsame Mensch« Arbeit verabscheue.

Lachhaft finde ich auch immer die Leute, die behaupten, sie würden sogar weiterschuften, wenn sie im Lotto gewönnen, nur weil sie ihren Job so lieben. Ich würde das garantiert nicht tun, das war mir immer klar. Zum Glück habe ich ja jetzt eine andere Form entdeckt, um nicht mehr arbeiten zu müssen: das Hausfrauenleben. Wenn es auch zugegebenermaßen mehr Stress beinhaltet, als ich vorher dachte. Aber das ist ein anderes Thema …

Jedenfalls war ich nach unserer beschwingten Mittagspause zufrieden in den Kindergarten gefahren und dann mit meiner Tochter in die Stadtbücherei, wo wir den Rest des Nachmittags mit dem Durchblättern von Bilderbüchern verbrachten, während die anderen beiden wieder in ihr Hamsterrad mussten. Ach, was war das Leben gut zu mir!

Trotzdem, ich gebe es zu, in schwachen Momenten hatte ich tatsächlich manchmal Angst, ich könnte meinen Beruf vermissen. Denn der war – wenn man schon unbedingt arbeiten musste – immer noch der beste der Welt für mich gewesen.

In manchen Jobs hatte ich wirklich gute Zeiten erlebt. Nicht so gute vielleicht, wie sie Lotto-Millionäre erleben können, aber immerhin. Also nahm ich mir vor, mich nicht unter Druck zu setzen, falls ich doch plötzlich eines Tages wieder Lust auf die Arbeit in einer Redaktion bekommen sollte. Noch waren ja meine Kontakte frisch. Ich würde sicher wieder etwas finden. Vielleicht brauchte ich einfach nur Entspannung und mehr Zeit mit den Kindern, dann würde es mich wieder ins Büro ziehen. Das galt es einfach abzuwarten.

Doch nichts dergleichen passierte: Zwar verfolgte ich noch einiges von dem, was andere Journalisten so von sich gaben. Und manchmal machte ich mir auch durchaus Gedanken darüber: dass dieser oder jener Einstieg eines Artikels besonders hübsch formuliert war oder dass man bei diesem Interview etwas konkreter hätte nachfragen müssen. Doch der Reiz, selbst etwas beizutragen, nahm von Monat zu Monat ab.

Eine interessante Geschichte in einer Tageszeitung oder einem Magazin nahm ich nur noch als Leserin wahr, nicht mehr als Ansporn, mich auch an einer gesellschaftlichen Diskussion zu beteiligen oder einen vorgestellten Schauspieler, Musiker, Künstler selbst treffen zu wollen. Das hatte ich alles schon gehabt, zur Genüge. Ich war der ganzen Sache einfach überdrüssig.

Nicht, dass mein neues Gewerbe eine Herausforderung wäre – die maßgeblichen Entscheidungen, die ich jetzt treffen muss, sind: Meister Proper oder Ajax, Spaghetti oder Pfannkuchen? Oder: Braucht der Große Latein-Nachhilfestunden? Soll die Kleine ins Ballett, oder ist sie zu jung dafür? An sich nichts, worum ich mich früher, als ich noch nicht hauptberuflich Mutter war, nicht auch kümmern musste.

Je länger ich aber Hausfrau bin, umso rätselhafter erscheint es mir, wie ich das alles damals nebenher regeln konnte. Wie soll das gehen, wie ist das je gegangen, ohne dass die Kinder zu kurz kommen?

Urplötzlich schleichen sich bei mir typische Hausfrauengedanken ein, so als sei ich schon mein ganzes Erwachsenenleben Nur-Mutter und nicht erst seit kurzem: Die Frauen, die ihre Mutterrolle dauernd an Omas und Babysitter delegieren müssen, tun mir plötzlich leid.

Nun, manche können sich das Leben nun mal anders nicht leisten, sage ich mir dann. Nur gut, dass wir das können und ich voll für die Kinder da sein kann.

Ja, bei solch klischeehaften Sätzen ertappe ich mich jetzt, auch wenn ich dabei gleich zusammenzucke und mich ermahne, mal kurz in meine eigene

Vergangenheit zurückzublicken, um nicht die Verhältnismäßigkeit zu verlieren.

Es ist nun mal so, dass man sich fast zwangsläufig mit dem identifiziert, was man tut, denn sonst würde der Mensch eine innere Disharmonie entwickeln, die er nicht ertragen könnte. Deshalb sucht man sich zum Lebensstil die passende Ideologie. Theoretisch war mir dieser Mechanismus früher schon bekannt, nun staune ich nur, wie schnell er einsetzt – kaum hänge ich meinen Job an den Nagel, schon finde ich: Das – und nur das – ist die einzig legitime Lebensweise, wenn man zwei Kinder hat. Es ist schon komisch.

Dann bekommt ein guter Freund einen Job angeboten, den ich früher auch gern gehabt hätte. Nicht, dass ich ihm das nicht gönnen würde, ich freue mich wirklich für ihn. Gleichzeitig beneide ich ihn auch darum.

Und da ist es plötzlich wieder: Es fühlt sich an wie ein inneres Brennen – Ehrgeiz. Er ist also doch noch nicht ganz erloschen. Ein Teil von mir, ungefähr vierzig Prozent, würde plötzlich am liebsten mit dem Kollegen tauschen. Der kann jetzt hier alle Zelte abbrechen, in eine aufregende Stadt ziehen, sich voll in diesen neuen Job stürzen, viel reisen, viel erleben, mittendrin sein. Wie aufregend.

Andererseits: Habe ich das alles nicht schon gehabt, als ich so jung war wie der gute Freund? Die neuen Jobs, die unbekannten Städte, all die Überstunden und die Reisen, die irgendwann auch nicht mehr so spannend sind, weil sich die Hotelzimmer und Flughäfen auf ermüdende Weise ähneln. Und außerdem hauen einen all die Events und spannenden Menschen und spektakulären Partys auch nicht mehr so vom Hocker, wenn man einiges gesehen hat und es mittlerweile einfach vorzieht, nicht von Termin zu Termin zu hetzen und das Leben langsamer anzugehen.

Beim genaueren Nachdenken ebbt das Gefühl also wieder ab – bald bin ich froh, nicht in der Haut des Kollegen zu stecken, und schon der Gedanke an all das, was er jetzt leisten muss, stresst mich.

Außerdem zweifle ich mittlerweile daran, ob ich überhaupt noch arbeiten könnte. Genauer: ob von meinen beruflichen Fähigkeiten noch etwas übrig ist. Auch das geht ganz schnell: All die Professionalität und das Selbstbewusstsein und die Souveränität verpuffen quasi in dem Augenblick, in dem man die Bürotür hinter sich schließt. Bei mir war das früher schon so, wenn ich nur mal zwei Wochen im Urlaub war – bei der Rückkehr hatte ich immer gleich das Gefühl, keinen Artikel mehr zustande zu bringen, weil ich schon ganz raus war aus der Schreiberei (und das war auch einer der Gründe für die Krise am letzten Urlaubstag). Jetzt arbeite ich erst seit ein paar Monaten nicht mehr, und prompt traue ich es mir schon gar nicht mehr zu.

Nach rund fünf Monaten beruflicher Abstinenz finde ich schließlich alles, was Kollegen, die ich persönlich kenne, schreiben, ausnahmslos großartig, ja geradezu genial! Nach sieben Monaten flößt mir fast jeder gedruckte Artikel absoluten Respekt ein. Kaum noch vorstellbar erscheint mir aber, dass ich selbst jemals wieder zu solch einer Leistung imstande sein könnte.

Und langsam frage ich mich, ob man ohne Arbeit, nun ja, irgendwie verblödet?

Einmal unterhalte ich mich mit einer meiner besten Freundinnen, die auch Journalistin ist, über den Aufmacherartikel in einem neuen Magazin, den ich sehr gelungen finde. Die junge Verfasserin des Textes sei ein echtes Talent, schwärme ich. Sehr behutsam – und auch etwas verwundert – gibt mir jedoch meine Freundin zu verstehen, dass sie die Geschichte eher mäßig finde und das Vokabular der jungen Kollegin nicht gerade vielschichtig sei. Und als sie die Geschichte anschließend zerpflückt, erkenne ich, dass sie wahrscheinlich recht hat. Offenbar ist mir einfach meine Urteilsfähigkeit abhandengekommen. Und da fühle ich mich ein bisschen wie ein dummes Hausmütterchen, das es nicht besser weiß.

Ein paar Tage später treffe ich mich mal wieder mit Exkollegen zum fröhlichen Umtrunk. Alle quasseln und reißen Zoten und machen Späße. Auch ich amüsiere mich, aber eher passiv, denn ich komme kaum zu Wort. Die anderen sind einfach zu schnell in ihrem rasanten verbalen Schlagabtausch. Früher hätte ich die eine oder andere Anekdote beigetragen, heute bin ich froh, wenn ich die Witze der anderen rechtzeitig kapiere, um mitzulachen. Es ist, als würde ich in Zeitlupe kommunizieren, und die anderen galoppieren in Echtzeit an mir vorbei. Und zu manchen Dingen, die an dem Abend erörtert werden, fallen mir sowieso nur zwei Worte ein: »Ach, echt?« Denn von vielen Ereignissen habe ich gar nichts mitbekommen.

Das Gefühl, nicht auf dem Laufenden zu sein und langsamer als die anderen zu ticken, kannte ich allerdings bereits, und zwar von früher, als ich im Erziehungsurlaub war und meine Neugeborenen zu

Hause hütete. Bekannt ist diese geistige Trägheit gemeinhin als »Stillnebel«. Denn wenn man Babys stillt, verbraucht der Körper dafür offenbar seine ganze Energie. Für den Kopf ist da nicht mehr viel übrig. Nun stille ich aber gar nicht mehr – schon seit Jahren nicht. Bei meiner Schwerfälligkeit handelt es sich also offenbar um eine von der Fachliteratur noch nicht erörterte Variante des Stillnebels: den Hausfrauen-Nebel.

Der macht sich auch zu Hause bemerkbar: Ich leide unter rasantem Imageverlust bei den männlichen Mitgliedern meiner Familie. Das war früher ganz anders, da stand ich noch gut vor den beiden da. In Dingen, die Jungs interessieren, kannte ich mich nämlich meistens besser aus als sie. Zum Beispiel brachte ich meinem Sohn regelmäßig CDs mit, die noch gar nicht auf dem Markt waren. Und oft hatte ich die Künstler auch noch selbst interviewt. Oder einer meiner jüngeren Kollegen, und ich hatte immerhin mitgeholfen, das Interview auf die gewünschte Länge zu kürzen, wusste also Bescheid.

Manchmal nahm ich den Jungen auch zu einem Konzert mit, für das ich Karten bekam, oder zu der Lesung eines Jugendbuchautors. Oder er durfte mal bei einem Fototermin dabei sein. Solche Sachen. Er konnte jedenfalls stolz auf seine Mama sein und vor Freunden mit ihr protzen.

Meinen Mann dagegen fütterte ich mit Interna über Fußballspieler, denn natürlich kannte ich jeden Promiklatsch ein paar Stunden, bevor darüber etwas in der Zeitung stand. Journalisten verfügen zwar meist nur über ein ganz allgemeines Halbwissen über all die Dinge, die so passieren – aber immerhin, das ist manchmal mehr, als Menschen in anderen Branchen wissen.

Jetzt bekomme ich vieles nicht mit. Wenn die *Tagesschau* läuft, stehe ich noch in der Küche, und bei den *Tagesthemen* schlafe ich oft schon. Das war zwar früher auch manchmal so, aber immerhin hatte ich einen Fernseher im Büro, und außerdem lagen da Ausgaben der gesamten deutschen Tagespresse und auch noch so manche ausländischen Blätter. Auch jetzt habe ich Zeitungen abonniert, aber manchmal bringe ich die so in den Altpapierbehälter, wie ich sie geliefert bekommen habe – ungelesen. Ich werde ja jetzt auch nicht mehr dafür bezahlt, auf dem Laufenden zu sein, und darum lasse ich das Lesen manchmal einfach sein.

Jetzt ist es oft mein Mann, der mir erzählt, was in der Welt so passiert. Und der reagiert auf mein ewiges »Ach, echt?« langsam etwas genervt.

Dazu kommt, dass meine kleinen Unzulänglichkeiten, die ich immer schon gepflegt habe, der Familie nie aufgefallen sind, denn so oft war ich ja nicht da. Aber jetzt kann ich sie nicht mehr verbergen. So hat all die Jahre eigentlich keiner zu Hause mitbekommen, dass ich mich mit Computern nicht auskenne. Ich kann sie zwar einschalten und einen Text schreiben, und ich schaffe es auch, im Internet zu surfen. Das ist es dann aber schon. Installieren kann ich nichts, ich weiß noch nicht einmal, was das eigentlich sein soll: »installieren«?! Und wenn der Computer abstürzt, dann stürze ich mit: nämlich in tiefe Verzweiflung.

Die Lösung solcher Probleme übertrug ich siebzehn Jahre lang den Systembetreuern in den jeweiligen Unternehmen, in denen ich tätig war. Nun muss mein

Mann mein System betreuen. Und weil das nicht sein Job ist und wir in familiärer Distanzlosigkeit zueinander stehen, flippt er angesichts meiner Unbedarftheit auch so heftig aus, wie es ein neutraler Computerexperte niemals wagen würde.

Erschwerend kommt hinzu, dass wir uns jetzt auch noch einen PC zugelegt haben, ich aber bisher immer nur mit Apple zu tun gehabt habe. Wenn dann jemand mal unseren neuen High-Tech-Drucker ausschaltet, dann hilft alles Wiedereinschalten nichts – er hängt sich auf. Dumm nur, dass man Schulkinder als Mutter heutzutage nur noch unter Zuhilfenahme des Internets unterstützen kann, um zum Beispiel Englischübungen auszudrucken. Wenn sie sich ausdrucken lassen …

Um es kurz zu machen: Sie tun es nicht. Auch nicht, als wir – telefonisch instruiert von meinem Mann, der eigentlich längst in einer Besprechung sein müsste – alle Knöpfe in jeder denkbaren Reihenfolge aus- und wieder einschalten, alle Kabel aus- und wieder einstecken und Menüs, deren Existenz mir bis dato nicht bekannt war und die ich erst beim jeweils achten Versuch finde, aufrufen. Das Ganze endet damit, dass wir – mein Mann und ich – uns schließlich am Telefon derart anschreien, dass auch die Nachbarn etwas davon haben.

Der Drucker druckt erst wieder am Abend – nach ein paar lässigen Handgriffen meines Mannes. Dann instruiert er den Jungen dahingehend, was in solchen Fällen zu tun ist. Denn bei mir hätte das ohnehin keinen Sinn.

»Mama, du checkst es einfach nicht«, sagt mein Sohn abfällig, und ich müsste ihn eigentlich für den respektlosen Ton rügen. Andererseits: Wo er recht hat, hat er recht.

Dafür checke ich als Hausfrau jetzt ganz andere Dinge: dass etwa bei Tchibo gerade Ballettsachen in Kindergrößen im Sortiment sind und bei Aldi Gesichtsmalfarben. Ich weiß jetzt auch, dass man die Kinder auf dem Spielplatz auf der Isarinsel nicht barfuß laufen lassen sollte, weil sich da nachts Junkies herumtreiben und oft gebrauchte Spritzen herumliegen. Ich vergesse nie, dass die Kleine montags ihre Turnsachen braucht und der Große freitags – und nicht umgekehrt.

Ich kenne die Eltern all der vielen Kindergartenfreundinnen meiner Kleinen beim Vornamen und kann meinem Mann beim Sommerfest soufflieren. (»Der da vorne mit dem gestreiften Hemd ist Manfred, Larissas Papa. Sag nicht wieder Theo zu ihm, Theo ist der da drüben mit dem grünen T-Shirt, der Papa von Sophie.«)

Ich habe herausgefunden, dass die Lateinlehrerin des Großen immer eine Woche vor der Klassenarbeit noch eine Übung schreiben lässt, die Englischlehrerin dagegen ihre Übungsarbeiten stets kurz nach den Klassenarbeiten anberaumt. Das alles ist wichtig für den Alltag als Hausfrau und Mutter, keine Frage. Wenn es auch nicht gerade Themen sind, mit denen man Gespräche mit Exkollegen am Laufen hält.

Denen könnte ich etwas ganz anderes erzählen, wenn ich nicht fürchten müsste, dass sie denken, jetzt sei ich total durchgedreht. Zum Beispiel, dass mir ein Leben, in dem man kaserniert ist und nur mittags mal Ausgang bekommt, wie ein Dasein im Schuhkarton vorkommt. Und dass es die Sache wert ist, alles hinzuschmeißen, allein schon um die Auslegeware, mit der Büroräume üblicherweise ausgestattet sind, nicht mehr tagtäglich sehen zu müssen, denn dieser Anblick lässt einen auf Dauer wahrscheinlich mutlos werden. Dass in meinem neuen Leben mehr Luft zum Atmen ist, weil ich tun kann, was ich will, jedenfalls fast. Dass ich rein gar nichts vermisse auf der Welt, wenn ich mitten in der Woche am Nachmittag mit meinen beiden Kindern in einer Eisdiele sitzen kann und wir einen Wettbewerb veranstalten, wer mehr Eis schafft (natürlich mein Sohn). Und dass es das ist, was ich unter Glück verstehe und unter Freiheit, auch wenn das jetzt kitschig klingt und vielleicht etwas beschränkt. Aber ich habe ja sowieso schon zugegeben, dass ich langsam verblöde …

Als Kind faszinierten mich die Geschichten von den Heinzelmännchen, die nachts das ganze Haus aufräumen und liegengelassene Arbeiten erledigen. Als erwachsene Frau weiß ich natürlich, dass es keine Heinzelmännchen gibt. In schwachen Momenten allerdings denke ich manchmal, vielleicht leben tatsächlich Hausgeister in unserer Wohnung, allerdings keine netten Helfer, sondern fiese Biester, die sich damit beschäftigen, überall dort Schmutz zu verteilen, wo es gerade noch sauber war. Denn egal, wie viel ich schufte und schrubbe, jeden Tag bietet sich mir aufs Neue ein Bild der Verwüstung: Der Herd ist verkrustet, das Badezimmerwaschbecken zahnpastaverschmiert, der Boden sandig. Der Wäschekorb schon wieder voll, der Kühlschrank wieder leer, und ich stehe mittendrin und fühle mich schlapp, bevor der Tag noch richtig begonnen hat. Denn sooft ich auch putze und wische und räume, nichts hat Bestand.

Am Anfang machte mir das noch gar nicht so viel aus. Doch langsam hat sich aus der permanenten Saubermacherei ein gigantischer Überdruss entwickelt: Ich kann den dauernden Kampf gegen den Dreck nicht mehr ertragen – die Putzerei hängt mir einfach zum Hals heraus!

Und dann höre ich den Satz, der alles erklärt, als ich zwei alte Damen vor mir an der Käsetheke beim Plaudern belausche.

»Das Haus wird nie sauber«, sagt die eine, und die andere stimmt nickend dieser ewigen Hausfrauenweisheit zu, die offenbar nur mir bislang unbekannt war.

Es ist tatsächlich so: Der Wunschzustand – das wunderbar geordnete Heim, das ich entspannt vom Sofa aus genießen kann – wird niemals eintreten. Denn ist das Wohnzimmer sauber, dann herrscht im Kleiderschrank schon wieder Chaos, und kaum habe ich den Flur gewischt, verschüttet irgendjemand Apfelsaft und latscht dann auch noch durch, so dass bald die ganze Wohnung klebt. Ja, das Haus wird nie sauber, und nur ich habe das nicht gewusst und mich verrückt gemacht und bei der Hausarbeit einen Perfektionismus an den Tag gelegt wie früher im Büro.

Damals allerdings konnte ich mich regelmäßig an einem Endprodukt erfreuen: am gedruckten Artikel. Der hatte Bestand, immerhin bis zur nächsten Woche, wenn die nächste Ausgabe der jeweiligen Zeitschrift, für die ich gerade arbeitete, erschien. Sauberkeit aber hat eine Halbwertszeit, die so kurz ist, dass sich eine Befriedigung über die erbrachte Leistung gar nicht erst einstellen kann. Also bringt das Ganze ja gar nichts. Wieso habe ich das nicht früher gemerkt? Die anderen wissen es anscheinend doch schon längst.

Darum verzichtet meine Freundin also darauf, ihren Wohnzimmertisch abzuräumen, so dass man all die Bastelsachen und Malstifte der Kinder erst einmal zur Seite schieben muss, wenn man bei ihr zum Tee ist. Das ist nur konsequent von ihr, verstehe ich jetzt, denn schließlich wollen Kinder doch dauernd malen und basteln, wozu also das Zeug immer wieder abräumen.

Nur ich will anscheinend alles ganz tadellos machen, ganz so, als sei der Status »perfekte Hausfrau« etwas Erstrebenswertes. Das ist er nicht, sondern nur ein veraltetes, ja geradezu lächerliches Ideal, dem ich ohne jeden Grund hinterhergejagt bin, muss ich mir eingestehen.

»Jedes Mal, wenn ich dich sehe, machst du gerade sauber«, sagte mal meine Nachbarin verwundert. Ich hingegen habe sie noch nie beim Putzen ertappt, doch ihre Wohnung ist auch nicht unordentlicher als meine.

Dummerweise habe ich daraus lange nicht die richtigen Schlüsse gezogen, ebenso wenig wie aus den ständigen Anrufen meiner Mutter (»Was tust du den ganzen Tag?«), die mich – erst jetzt verstehe ich ihre Intention – schon länger davon abzuhalten versucht, kostbare Zeit mit unnützen Putzaktionen zu verschwenden. »Ob die Wohnung sauber ist oder nicht«, sagt sie, »das ist doch gar nicht so wichtig!«

Stimmt genau.

Den Küchenboden verunzieren gerade ein paar Milchkleckse, die wische ich jetzt kurzerhand mit einem Fetzen Klopapier weg. Anschließend nur noch schnell das Frühstücksgeschirr in die Maschine – fertig, geht doch! Und dann tue ich, was ich schon lange wollte und längst nötig hatte: Ich lege mich einfach wieder ins Bett und schlafe mich mal so richtig aus – bis zum Mittag, als der Große vor der Tür steht.

Das Essen ist deshalb natürlich noch nicht fertig. Was soll's, er kann sich ja auch einfach mal ein paar

Eier braten, ich packe nämlich jetzt einfach mein Buch und meine Sonnenbrille in die Handtasche und verziehe mich ins nächste Kaffee. Es ist ein herrlicher Frühlingstag, das muss gefeiert werden.

Später hole ich meine Tochter vom Kindergarten ab und gehe auf direktem Weg – ohne Abstecher zum Supermarkt oder in die Reinigung oder zum Schuster – mit ihr in den Park. Und da bleiben wir bis halb acht.

Und so gestaltet sich zukünftig unser Alltag: Großreinemachen steht nur noch einmal wöchentlich auf dem Programm und beschränkt sich auf Bad, Küche und Flur. In den übrigen Zimmern wird nur mal schnell durchgesaugt, das reicht allemal.

Wenn mein Sohn mittags von der Schule kommt, lasse ich mir sein Hausaufgabenheft zeigen und kümmere mich darum, dass er sich auch bald an die Arbeit macht. Dann packe ich mein Handy ein und gebe ihm weitere Instruktionen vom Spielplatz aus, wo ich mich mit all den anderen Mamas treffe. Das Wetter ist wunderbar, oft habe ich eine Thermoskanne mit Kaffee dabei, und manchmal holen wir uns Eis oder Pizza. Ab und an lernt der Große seine Vokabeln bei uns in der Sonne, oder ich mache mit der Kleinen einen Abstecher zu der Skater-Ecke, wo er nach den Hausaufgaben Freunde trifft, und bringe ihm Limo vorbei.

Zum Kochen ist jetzt natürlich abends keine Zeit mehr, darum gibt es einfach Brote vor dem Schlafengehen. Je wärmer es wird, umso später finden wir aber abends überhaupt nach Hause, denn wenn mein Mann mit seiner Arbeit fertig ist, will er auch endlich raus. Also verlagern wir unser Familienleben in den

Biergarten, oder wir machen ein Picknick in den Isarauen. Bereits Mitte Mai sind wir auf diese Weise so braungebrannt, als hätten wir unseren Jahresurlaub hinter uns. So gefällt mir das Hausfrauendasein! Es ist ein herrliches Leben, genau, wie ich es mir erträumt hatte.

Dass zu Hause kaum noch geputzt wird, fällt übrigens niemandem auf, nicht mal meinem Mann. Es sieht ja auch nicht schmutziger oder unordentlicher aus als vorher. Und wenn von ihm mal eine vorsichtige Bemerkung diesbezüglich kommt, zum Beispiel, ob »man« (damit bin ich gemeint) denn nicht mal wieder den Mülleimer auswaschen könne, weil der echt eklig aussehe, dann argumentiere ich, dass ich dazu wirklich keine Zeit hätte, schließlich müsse ich die Kinder bei dem schönen Wetter nach draußen bringen. Die brauchen ja frische Luft und Bewegung. Das Frischluftargument zieht bei meinem Mann nämlich immer, und darum wäscht er dann den Müllkübel abends selbst noch schnell aus.

Es ist jetzt natürlich leider nicht so, dass ich nur noch auf der faulen Haut liege, es bleibt noch genug zu tun: Die Wäsche muss gewaschen werden, die Betten bezogen, die Hemden gebügelt. Mit großer Verwunderung erfahre ich dann einmal beim Gespräch mit einer Mutter von Zwillingen, dass diese – obwohl sie an drei Tagen der Woche voll arbeitet – alles bügelt: Bettwäsche, T-Shirts, sogar alle Kindersachen. Das würde mir niemals einfallen! Es gibt also offenbar noch mehr Mütter, die sich das Leben schwerer machen, als es sein müsste.

Allerdings habe ich beim Bügeln große Fortschritte gemacht: Am Anfang brauchte ich für ein Hemd an die zwanzig Minuten, mittlerweile schaffe ich es in sensationellen sieben Minuten. Bügeltag ist bei mir immer dienstags, wenn abends auf Pro Sieben *Desperate Housewives* und *Grey's Anatomy* läuft. Serienberieselt ist mir das Bügeln mittlerweile sogar zur liebsten Hausarbeit geworden. Das liegt auch am Erfolgserlebnis: Ein Stapel frisch geplätteter Oberhemden ist einfach eine handfeste Sache, man sieht, was man geschafft hat.

Alles in allem werde ich in meinem neuen Beruf als Hausfrau langsam zum Profi. Zum Beispiel lerne ich zu delegieren. An die Kinder. Und das war auch höchste Zeit.

Als ich noch berufstätig war, führte mein latent schlechtes Gewissen dazu, dass ich meine kleine Tochter nach Strich und Faden verwöhnte – als Wiedergutmachung dafür, dass ich so selten zu Hause war. Manchmal thronte sie beim Abendessen auf meinem Schoß und ließ sich füttern. Am liebsten ließ sie sich dabei vorlesen. Und so war aus der Prinzessin eine kleine Diktatorin geworden, auf deren Kommando wir alle spurten.

Das Schlüsselerlebnis hatte ich eines Nachmittags beim Abholen vom Kindergarten. Da setzte sich meine Kleine gemütlich auf die Bank und streckte mir – wie immer – die Füßchen entgegen. Normalerweise bückte ich mich dann ganz automatisch und streifte ihr die Hausschuhe ab, dann kroch ich auf dem Boden herum, bis ich ihre Straßenschuhe in dem Haufen unter der Garderobe gefunden hatte, die sie sich dann mit majestätischer Selbstverständlichkeit anziehen ließ.

An diesem Nachmittag aber stand die Erzieherin gerade neben uns, als sich unser kleines Schuhritual abspielte. Und sie traute ihren Augen kaum.

»Also, das kann sie doch wirklich schon selbst!«, war der verdutzte Kommentar, und es stimmte: seit dem zweiten Lebensjahr.

Seither muss die Kleine sich selbst anziehen, auch zu Hause, und es macht ihr sogar Spaß, auch wenn die Ensembles, die sie sich zusammenstellt, nicht gerade dem allgemeinen Geschmack entsprechen. Dann dreht und wendet sie sich vor dem Spiegel in knallfarbenen Kombinationen aus zu kurzen Sommerkleidern der vergangenen Saison, zu dicken Strumpfhosen und Sandalen und sagt: »Heute sehe ich aber wieder schick aus.« Auch aufräumen muss sie jetzt regelmäßig, im Kindergarten tut sie das ja auch, und gefüttert wird nicht mehr. Erziehung kann ja nicht schaden, und schließlich habe ich jetzt die Zeit dazu.

Auch für den Großen ist die Schonzeit vorbei, er leert den Abfalleimer und räumt die Spülmaschine ein. Das läuft allerdings nicht kampflos ab: Er murrt dabei und vergisst meist die Hälfte. Oder hat plötzlich viel Wichtigeres zu tun: telefonieren, Computer spielen, rumhängen, essen, wieder telefonieren. Dauernd muss man hinterher sein, und dauernd gibt es Streit. Als berufstätige Frau hatte ich dafür einfach keinen Nerv. Und wer will außerdem die kurze Stunde, die man sich abends sieht, schon im Streit verbringen?! Außerdem fand ich früher, er habe schon genug mit der Schule zu tun. Die Eltern Gleichaltriger denken das offenbar aber nicht und setzen stärker, als ich es bislang getan habe, auf die Entwicklung der Selbständigkeit ihrer Kinder.

Auch da gab es ein Schlüsselerlebnis, und zwar als mal wieder ein Freund meines Sohnes bei uns übernachtete. Das Nervigste an diesen Übernachtungen ist für mich immer, dass für die wechselnden jungen Gäste jedes Mal neue Bettwäsche übergezogen werden muss. Mal abgesehen davon, dass bei der Menge der Übernachtungsgäste echte Wäscheberge anfallen – das Bettenbeziehen hasse ich noch mehr, als ich früher das Bügeln gehasst habe. Einmal aber, als ich für einen Freund meines Sohnes nach frischem Bettzeug im Schrank suchte, gab es darin nur noch Bezüge mit Bärchen darauf.

»Kann man die großen Jungen überhaupt zumuten?«, fragte ich mich.

Ach, der Aufdruck störe ihn gar nicht, erklärte der Freund freimütig, den nehme er gern in Kauf dafür, dass er die Bettwäsche nicht selbst überziehen müsse wie sonst zu Hause. Die Äußerung brachte ihm zwar von meinem Sohn einen Knuff in die Seite ein, doch das half nichts: Seither muss auch er anpacken, wenn für seine Freunde – oder ihn selbst – Betten zu beziehen sind. Denn das schadet ihm gar nicht, sondern nutzt ihm eher, sonst wird aus dem kleinen Pascha später ein großer Pascha.

✶

Das Kinderhaben gestaltet sich überhaupt viel leichter, wenn man nicht ständig ein schlechtes Gewissen ihnen gegenüber hat und nicht immer denkt, man müsse an ihnen etwas gutmachen. Zum Beispiel kann man abends viel unbeschwerter ausgehen, wenn man schon den Tag mit den Kleinen verbracht hat.

Früher bin ich bei Verabredungen mit Freundinnen grundsätzlich immer erst als Letzte erschienen, denn es war mir sehr wichtig, die Kinder selbst ins Bett zu bringen. Leider schlafen meine Kinder erst so gegen neun. Vor halb zehn also konnte ich mich in der Regel nicht verabreden. Das war aber vielen – und auch mir selbst – oft zu spät, was die Pflege meiner Sozialkontakte ziemlich erschwerte.

Heute überlasse ich die Kinder auch schon um halb acht dem Papa, und dabei fühle ich mich überhaupt nicht egoistisch. Manchmal entweicht mir sogar ein erleichtertes »Uff, endlich draußen«, sobald ich der Familienmühle entfliehe.

Auch unsere Babysitter kamen in früheren Zeiten immer erst ab neun Uhr zum Einsatz, wenn wir mal als Paar ausgehen wollten. Ohne groß nachzudenken, behielten wir das auch in der Anfangsphase meiner Hausfrauenzeit bei.

Zur Änderung dieser Gewohnheit brauchte ich ebenfalls einen Anstoß von außen: Eine Bekannte, Mutter dreier Kinder, erzählte, dass für sie der beste Teil des wöchentlichen Ausgehabends mit ihrem Mann darin bestehe, dass die Kinder von der Babysitterin mit Abendessen versorgt und danach ins Bett gebracht werden, während die Eltern in aller Ruhe zu zweit im Restaurant speisen. Das machen wir jetzt auch so.

Ja, ich habe viel dazugelernt in den vergangenen Monaten. Zum Beispiel, dass Klappern zum Handwerk gehört – auch im Leben einer Hausfrau. Es bringt nämlich gar nichts, sich abzuschuften, wenn keiner es sieht. Darum fällt der kleine Hausputz, den ich wöchtentlich erledige (also die gröbsten Reinigungsmaßnahmen), auch gern mal auf den späten Freitagnachmittag, wenn mein Mann schon aus dem Büro zu Hause ist, damit auch er sehen kann, was ich Ärmste für einen Stress habe. Und wenn der Vorratsschrank wieder einmal so unordentlich aussieht, dass ein Aufräumen kaum noch aufschiebbar erscheint – zum Beispiel, weil überall Mehl verstreut und der Grieß umgekippt ist –, mache ich das auch am liebsten dann, wenn mein Mann zu Hause ist und sich währenddessen um die Kleine kümmern kann. Denn mit dem Kind an den Rockschößen komme man ja wirklich zu gar nichts, so begründe ich das.

Positiver Nebeneffekt: Immerhin wird meine Arbeit dadurch wahrgenommen und gewürdigt. Wenn ich den Schrank aber saubermachen würde, wenn keiner außer mir zu Hause ist, dann merkt das ja kein Mensch.

Endlich bekommt also auch mein Mann mit, was für einen anstrengenden Job ich mir aufgehalst habe, seit ich »nur« Hausfrau und Mutter bin. Und weil er mich entlasten will, schlägt er schließlich vor, mehr mitzuhelfen: Ab und an bringt er jetzt die Kleine in den Kindergarten, damit ich mehr Zeit zum Schwimmengehen habe.

Und dann geschieht das Unvorstellbare: Er schlägt vor, die Kinder abends ins Bett zu bringen!! Das hat er nicht ein einziges Mal übernommen, als ich noch eine Fünfzig-Stunden-Woche hatte. Ausnahmen bildeten natürlich Abende, an denen ich überhaupt nicht zu Hause war und ihm auch gar nichts anderes übrigblieb.

Sobald ich aber da war, musste ich mich darum kümmern. Er schaffte es immer, sich zu drücken, was nicht schwer war, denn insbesondere die Kleine bestand geradezu darauf, von mir und keinem anderen Menschen auf der Welt in den Schlaf gelullt zu werden.

Seit sie aber mit mir Zeit im Überfluss verbringt, bin ich längst nicht mehr so attraktiv, und der Papa, der erst abends nach Hause kommt, ist viel begehrter. Darum ist er es jetzt oft, der die Gutenachtgeschichte vorliest und dann noch eine Gutenachtgeschichte. Und der, wenn er sich gerade aus dem Kinderzimmer schleichen will, zurückgerufen wird, weil die Kleine doch noch nicht schläft.

Ich liege währenddessen gemütlich vor dem Fernseher oder in der Badewanne und genieße meinen Feierabend. Und dazu habe ich, davon bin ich überzeugt, auch alles Recht der Welt.

Allein unter modernen Frauen

Als ich vor zwölf Jahren meinen Sohn bekam, war die Welt noch eine ganz andere: Mütter mit Kleinkindern blieben in der Regel zu Hause und gingen nicht arbeiten. Elterngeld gab es noch nicht. Und kaum jemand hätte seinerzeit solch eine Unterstützungsmaßnahme auch nur für denkbar gehalten.

Kinderkrippen hatten damals noch einen extrem schlechten Ruf, man glaubte, es handele sich dabei um reine Verwahranstalten. Genaueres wusste aber keiner, denn es gab kaum welche. Auch Au-pair-Mädchen waren in der Zeit noch außergewöhnlich. Die wenigen, die ihren Weg zu uns fanden, waren junge Französinnen oder Engländerinnen aus gutem Hause, die eigentlich nur kamen, um ihre Sprachkenntnisse zu erweitern.

Wenn andere Mütter hörten, dass ich arbeitete, noch dazu den ganzen Tag, gaben sie mir ihr Missfallen darüber oft deutlich zu verstehen.

»Das arme Kind«, sagte einmal eine Bekannte über meinen Sohn, und zwar nicht mal hintenrum, sondern mir ins Gesicht.

»Wenn er hinfällt und sich weh tut, wird er nach der Oma schreien und nicht nach dir«, orakelten meine Jugendfreundinnen, die selbst alle Hausfrauen waren. Denn mein Kleiner wurde tagsüber von der Großmutter betreut.

Und in der Redaktion, in der ich damals arbeitete, war ich die einzige Frau mit Kind und wurde beäugt wie das sprichwörtliche Kalb mit den zwei Köpfen. Das Leben als berufstätige Mutter war eine echte Herausforderung.

Diese Redaktion gibt es noch heute, doch inzwischen sind Frauen ohne Kind dort eher die Ausnahme. Befremdlich findet man junge Mütter höchstens, wenn sie nicht spätestens ein Jahr nach der Geburt wieder arbeiten wollen. Es gibt sogar eine betriebliche Kindertagesstätte, und das ist vielleicht der Grund, warum ein paar meiner früheren Kolleginnen jetzt sogar schon ihr drittes Kind erwarten.

Überhaupt genießen Kinderkrippen mittlerweile in Deutschland einen glänzenden Ruf, und jetzt soll auch noch die Anzahl der Plätze für die Kleinen aufgestockt werden. Außerdem hatte offenbar kaum eine Familie nicht schon mal ein Au-pair – nach den Ostblockmädchen kommen jetzt, so hört man, verstärkt Chinesinnen zu uns, um den berufstätigen Frauen im Haushalt und beim Kinderhüten unter die Arme zu greifen. Und alle Welt schwärmt von den fleißigen französischen Mamas, die locker drei, vier Kinder kriegen und noch vom Wochenbett aus Großkonzerne dirigieren. Und ausgerechnet jetzt bin ich Hausfrau!

Manchmal habe ich das Gefühl, ich bin die einzige weit und breit. Ich weiß immer noch nicht, wo sich die anderen Hausfrauen versteckt halten. Hier, in der Münchner Innenstadt, sind sie jedenfalls nicht.

Es gab da mal eine, eine nette, sympathische Hausfrau, die mit einer Freundin von mir befreundet ist, bei der ich sie ein paarmal getroffen habe. Arbeiten könne sie nicht, sagte sie immer, das würde sie nicht auf die Reihe bekommen mit dem Kind. Wir wollten uns mal verabreden, doch plötzlich hat sie keine Zeit mehr. Sie hat nämlich doch wieder in ihrem Job angefangen, freiberuflich, und jetzt hat sie so viele Aufträge, dass sie nicht weiß, wo ihr der Kopf steht.

Außerdem kenne ich noch eine Mutter aus dem Kindergarten, die für mich immer der Inbegriff der glücklichen Hausfrau war: eine hübsche Frau mit zwei kleinen Mädchen, die aussehen wie aus einem schwedischen Kinderbuch. Wenn man sie am Spielplatz traf, hatte die Mutter meistens Kuchen oder Kekse dabei. Sie wirkte überhaupt so, als koche und backe sie gern. Irgendwie sinnenfroh. Mit den Kindern war sie immer ganz geduldig und liebevoll, ich habe sie eigentlich nie gereizt erlebt. Sie machte den Eindruck eines Menschen, der zufrieden mit seinem Leben ist.

Doch jetzt hat auch ihre jüngere Tochter einen Kindergartenplatz bekommen, und schwupps, ist die Mama gar keine Hausfrau mehr. Sondern schreibt Drehbücher, halbtags.

Die anderen Kindergartenmamas sind sowieso schon längst wieder im Job, sogar diejenigen, die drei Kinder haben. Mütter, die nicht ins Büro gehen, schieben hier, wo ich lebe, generell noch Kinderwagen vor sich her: Ihre Kinder sind noch Säuglinge.

Fragt man heute Innenstadtmütter, ob sie arbeiten, dann sagen sie nur ein Wort: »Klar!« Was sonst? Klar bedeutet zwar in den meisten Fällen, sie arbeiten nur ein paar Stunden pro Tag. Oder nur ein paar Tage pro Woche. Und – auch das ist bei den meisten »klar« –

viel Geld verdienen sie dabei nicht, ohne ihren Mann könnten sie jedenfalls nicht existieren. Wenn man manche aber so sieht, immer gestresst und ganz wichtigtuerisch, möchte man meinen, sie sind mindestens Chefärztin oder Personalchefin. Jedenfalls sind sie die modernen Frauen von heute – und ich bin es gerade nicht.

Mittlerweile frage ich die Mütter, die meine Wege kreuzen, schon gar nicht mehr, was sie so machen. Denn dann fragen sie zurück. Und ich fühle mich wieder – wie nun schon seit zwölf Jahren – anders als die anderen.

Irgendwann läuft es aber immer auf diesen Punkt hinaus: »Was arbeitet deine Mama denn?«, fragt eine schlanke dunkelhaarige Frau, die ich derzeit öfter am späten Nachmittag auf der Liegewiese im Schwimmbad sehe, meine kleine Tochter.

Die wirft sich natürlich wieder stolz in die Brust und kräht: »Meine Mama arbeitet gar nicht«, so laut, dass sich ob dieser Ungeheuerlichkeit noch einige Mütter auf den Nebenhandtüchern zu uns umdrehen.

Ich stammle dann, dass ich natürlich eigentlich schon einen Beruf habe – beziehungsweise hatte – und nur jetzt gerade seit kurzem nicht mehr arbeite, weil ich einfach mehr Zeit für die Kinder wollte und so weiter.

Die Reaktion darauf ist meistens: Peinlich berührtes Schweigen. Kein Kommentar. Wahrscheinlich ist das, was ich tue, so altbacken und unemanzipiert, dass sich jede weitere Erörterung erübrigt.

Eine Frau fragt mich einmal, ob ich aus meinem Job gefeuert oder wegrationalisiert worden sei, denn sie kann sich offenbar gar nicht vorstellen, dass man eine Stelle wie meine ehemalige freiwillig aufgibt. Ja, die Zeiten haben sich gewandelt: Vor zwölf Jahren wäre meine Entscheidung für Kinder und gegen Karriere noch ganz normal gewesen.

Ich könnte natürlich auch stolz posaunen: »Ich bin Hausfrau, und zwar weil's mir Spaß macht.« So wie in den Anfangszeiten, als die ganze Sache für mich noch ein Spiel war. Irgendwie bringe ich das aber gar nicht mehr raus, jedenfalls nicht im Beisein all dieser berufstätigen Mamis.

Die begegnen mir sogar zu Hause, denn jeden Tag steht etwas über sie in der Zeitung, die ich beim Frühstück durchblättere. Und jeden Tag rege ich mich erneut darüber auf: Zum Beispiel, wenn seitenlang ihr ach so stressiger Alltag beschrieben wird. Und in der letzten Spalte erfährt man dann, dass die Frauen, die da derartige Beachtung erfahren, gerade mal bis mittags täglich im Betrieb sein müssen. Bis mittags? Das nenne ich nicht Arbeit, das ist ein Witz!

Oder die armen Ehefrauen werden bemitleidet, die wegen des Ehegattensplittings und ihrer schlechten Steuerklasse nur ganz wenig verdienen und deshalb das Gefühl haben, ihre Arbeit werde nicht anerkannt. Ja, sollen sie eben mehr verdienen! In einer Sechs-Stunden-Woche geht das natürlich nicht, ist doch klar.

Allerdings steht in den Artikeln nie, dass der Mann durch das Splitting mehr rausbekommt, und wenn er seiner Frau nichts davon abgibt, ist das kein Fall für die Zeitung, sondern für den Scheidungsanwalt. Außerdem: Wenn beide gleich viel Geld verdienten, könnten sie beide die Steuerklasse vier annehmen und gleichwertig besteuert werden. Doch auch das wird nie erwähnt. Manchmal frage ich mich, wer die Frauen – denn meist sind es Frauen – sein mögen, die diese Artikel verfassen. Wahrscheinlich Teilzeit-Redakteurinnen.

Ja, diese Teilzeit-Jobberinnen fallen mir manchmal auf die Nerven. Nur: Auch zu den vollzeitbeschäftigten Müttern ist mir die Identifikationsbasis abhandengekommen.

Ich hatte eigentlich vermutet, dass so einige meiner gestressten, Überstunden machenden, schuftenden Freundinnen mir zu meinem Schritt, Hausfrau zu werden, gratulieren würden. Es ist ja auch das, wovon wir immer alle irgendwie geträumt hatten: endlich mal raus aus der Mühle, wenigstens einmal im Leben Zeit für die Kinder haben. Der Zuspruch hielt sich dann aber in Grenzen.

Ganz toll finden meinen Ausstieg eher die kinderlosen Freundinnen und Freunde. Je jünger, umso begeisterter sind sie davon, dass jemand alles hinwirft und einfach tut, was er will. Für sie hat das fast schon was von Systemkritik, und ich fühle mich ganz geschmeichelt. Die karrierebewusste, doppelbelastete Mutter aber steckt so in ihrem Identitätswahrungskorsett, dass sie kaum noch Muße hat, andere Lebensmodelle zu goutieren.

Aber ich will die Ärmsten gar nicht behelligen, sie haben wahrscheinlich einfach ihre eigenen Sorgen. Gerade hatte ich wieder eine von ihnen am Telefon, und sie klang gar nicht gut: Der Kleine – ihr eineinhalbjähriger Sohn – hat mal wieder eine Mittelohrentzündung (die dritte in Folge), der Ehemann weilt die ganze Woche in einer anderen Stadt, und sie muss eine fünfseitige Aufmachergeschichte bis

Donnerstag fertigschreiben. Dabei wird sie – wen wundert es? – ihre Nebenhöhlenentzündung gar nicht mehr los, und nun hat sie schon wieder zwei Kilo verloren, bald muss sie Kleider in Kindergrößen erstehen.

Spätestens jeden zweiten Tag ruft auch eine andere Freundin an, und es gibt von ihr immer nur Katastrophenmeldungen: Beide Kinder haben Schulprobleme, schon wieder wird sie zu den Lehrern zitiert. Am Wochenende hat sie Dienst im Krankenhaus, dabei müsste sie mit dem Großen für eine Französisch-Klassenarbeit lernen. Ihr Exmann macht Stress, ihr Au-pair ist seit zwei Tagen verschollen, das Auto hat den Geist aufgegeben, und sie ist so in den Miesen, dass sie nun mit der S-Bahn in die Klinik fahren muss, denn für die Reparatur des Wagens reicht das Geld nicht, sonst wird das Konto gesperrt. Keine Kleinigkeiten.

»Und was hast du so den ganzen Tag gemacht?«, fragt meine Freundin, die alleinerziehende Krankenhausärztin.

»Och, nichts weiter«, sage ich und schäme mich ein bisschen dafür, dass ich satt und happy zu Hause weile und mich allenfalls von dem bisschen Bügeln und Wischen genervt fühle.

Nach außen wirken die beiden Frauen übrigens wie die Prototypen der modernen Karrieristin: Die eine sieht aus wie ein Model, schön und elegant, und als Journalistin ist sie ein hundertprozentiger Vollprofi. Die andere wirkt wie aus einer Krankenhausserie, souverän und tough und dabei ganz warmherzig und charmant. Man möchte meinen, sie tun, was sie tun, weil sie eben ehrgeizig sind und ihren Beruf abgöttisch lieben. Klar, sie mögen ihre Jobs, sie haben sie sich ja auch ausgesucht.

Nur: Beide würden lieber viel weniger arbeiten. Sie haben aber keine andere Wahl: Die Journalistin ist diejenige, die als Hauptverdienerin das Geld nach Hause bringt, auf das ihre Familie dringend angewiesen ist. Und die Ärztin ist sowieso alleinerziehend. Und so ist das in Wahrheit oft, wenn Frauen Karriere machen: Nackte Not steckt dahinter. Und bei Männern ist es auch nicht anders.

Bis auf die wenigen Menschen, die einer echten Berufung folgen, arbeiten die meisten Leute nun mal nicht aus reinem Spaß, sondern um sich und ihre Familie abzusichern. Und dann gehen sie eben auch bestimmte Karriereschritte, um die Familie noch besser abzusichern. Man will ja zu denen gehören, die sich auch mal ein paar Nachhilfestunden für den Nachwuchs leisten können. Und zu denen, die ihre Kinder auf eine Privatschule schicken können, wenn sie auf der Regelschule versagen. Und zu denen, die in einer guten Gegend leben, wo von den Nachbarskindern keine lebensbedrohliche Gefahr ausgeht.

Ich habe schließlich doch noch Hausfrauen gefunden. Kennengelernt habe ich sie auf Geburtstagsfeiern und Grillfesten, beim Skilaufen, am Badesee und im Urlaub. Sie sind überall, nur in den Innenstädten sind sie seltener zu finden. Stattdessen leben sie auf dem Land, in Kleinstädten, in ruhigen Vororten, am Stadtrand. Oft im Reihenhäuschen mit Garten. Und manche gehen mir noch immer genauso auf die Nerven wie damals, als ich selbst noch keine Hausfrau war.

Einmal, wir sind zum Umtrunk eines früheren Arbeitskollegen meines Mannes im Reihenhäuschen geladen, frage ich die Hausherrin – eine Hausfrau mit Tochter –, ob die Kleine den ganzen Tag oder halbtags den Kindergarten besuche. Nur so, um die Konversation am Laufen zu halten. Die Reaktion könnte nicht heftiger ausfallen: Sie schicke doch nicht ihr dreijähriges!!! Kind bis um vier Uhr!!! in den Kindergarten, empört sich die Frau. Sie klingt, als hätte ich gefragt, ob die Kleine im Steinbruch schuften muss.

Trotzdem mehren sich die Anzeichen, dass nun auch in den grünen Siedlungen, wo die Hausfrauen residieren, ein Umdenkprozess stattfindet: Plötzlich werden auch hier Kinderkrippen eröffnet, und die Erzieherinnen dort, so erfahre ich in einem Müttergespräch bei einem Kindergeburtstag, machen ihren Job wirklich gut und sind ausgesprochen nett. Mir war das immer schon klar, doch es wundert mich, dass das die Stadtrandmamas plötzlich auch so sehen.

Jedenfalls erzählen zwei der fünf anwesenden Kleinkindmütter, sie hätten gerade ihre einjährigen Kinder in solch einer Vorstadtkrippe angemeldet. Mal sehen, ob sie wirklich irgendwann einen Platz bekommen, sagen sie. Und nach der Eingewöhnung wollen sie sich dann mal kundig machen, vielleicht klappt es ja mit einem Teilzeitjob, so drei Tage pro Woche. Halbtags natürlich.

Selbst beim Deutschen Hausfrauen-Bund dreht sich heutzutage alles nur noch um Lohnarbeit: Die Artikel, die auf der entsprechenden Seite im Internet nachzulesen sind, handeln von Telearbeitsplätzen und Fortbildungen, vom Wiedereinstieg in den Job und von Krippenplätzen. Nur über Hausfrauen finde ich nichts.

»Was machst du eigentlich beruflich?«, fragt eine der Mütter, die ihr Kind gerade in einer der neuen Stadtrandkrippen angemeldet hat.

Nun, was soll ich da sagen?!

Vielleicht lasse ich mir demnächst mal T-Shirts drucken: »Ich war die erste Working Mum« soll darauf in großen Lettern stehen und darunter, kleiner: »Ich bewege mich nur einfach antizyklisch zum herrschenden Trend durchs Leben. Und wenn ihr mal so weit seid wie ich und auch keinen Bock mehr auf Doppelbelastung habt – wer weiß, wo ich dann schon wieder bin!«

Kindereien

Mein Sohn fährt mit seiner Jahrgangsstufe fünf Tage weg, und er ist wahnsinnig ungehalten darüber: Gar keinen Bock habe er darauf, meckert er. Wir nehmen seine Beschwerden nicht ganz ernst, denn er findet eigentlich alles erst mal grundsätzlich blöd. Das ist in dem Alter eben so.

Kurz vor der Abfahrt wird er richtig anhänglich und fällt mir mehrmals um den Hals und schmust mit seiner Schwester.

Die Kleine und ich begleiten ihn zur Schule, wo am Eingang schon die Busse bereitstehen. Als er seine Freunde in dem Getümmel entdeckt, kennt er uns schon gar nicht mehr.

Fünf Tage darauf hole ich ihn wieder an der Schule ab. Die Busse sind die gleichen, die ganze Szenerie ähnelt der vor fünf Tagen: Lärmende Kinder rammen mir ihre Reisetaschen in die Waden, Mütter und Väter drängeln sich zu ihrem Nachwuchs durch, Lehrer versuchen ein wenig Struktur in das Chaos zu bringen und helfen beim Koffersuchen. Nur einer ist anders als sonst: mein Sohn.

Irgendetwas an ihm hat sich verändert. Ich kann nur nicht sagen, was, denn so augenscheinlich ist die Veränderung nicht: Da sind immer noch die langen braunen Locken, die ihm unter seiner heißgeliebten Skatermütze in die Augen fallen, da sind dieselben braunen Kulleraugen und die Stupsnase, auf der sich ein paar Pickelchen unter die Sommersprossen gemischt haben.

Und doch: Ein anderer Zug auf über seinem Gesicht. Ist es eine erste Ankündigung von Männlichkeit?

Er zieht sich erst mal vor den Game Cube zurück und will seine Ruhe haben. Wie es war, will er uns später erzählen. Überhaupt muss man ihm immer alles aus der Nase ziehen. Dabei war er doch mal so ein unbeschwert vor sich hin plauderndes kleines Kerlchen. Nun, das liegt jetzt schon ein paar Jahre zurück. Jetzt spricht er mit uns meist nur noch das Nötigste. Eigentlich richtet er nur das Wort an uns, wenn er was will, zum Beispiel Geld für eine Fahrkarte.

Selbst wenn Freunde anrufen, ist er sonderbar wortkarg: Meist dauert so ein Gespräch nur wenige Minuten und klingt ungefähr so: »Ja. Nein. Ja. Warum nicht. Okay, dann bis später.«

Doch jetzt hat er sich das Telefon geschnappt, und ich höre ihn in seinem Zimmer lauthals lachen. Eineinhalb Stunden später fällt mir auf, dass er immer noch telefoniert.

*

»War es denn so schlimm, wie du dachtest, auf der Klassenfahrt?«, fragt mein Mann beim Abendessen.

»Nö«, antwortet mein Sohn.

»War es denn lustig?«, hake ich nach.

»Och ja, ging schon.«

»Was habt ihr denn so gemacht?«, will mein Mann wissen.

»Alles Mögliche«, lautet die erschöpfende Antwort meines Sohnes.

»Hattest du Spaß?«, erkundige ich mich weiter.

»War ganz okay«, erwidert mein Sohn.

»Der Junge wirkt so verändert«, bemerkt mein Mann nach dem Essen zu mir.

Gleich darauf hilft mir mein Sohn beim Einräumen der Spülmaschine. Freiwillig. Das ist an sich schon sonderbar. Ich ahne es schon: Er will reden. Mit Fragen darf ich ihn aber jetzt nicht bestürmen, sonst sagt er gar nichts. Darum warte ich einfach erst mal ab.

Die Spülmaschine ist schon voll, aber er drückt sich immer noch in der Küche herum.

»War irgendwas Besonderes los auf der Klassenfahrt?«, erkundige ich mich möglichst beiläufig, als ich die Geschirrspültabs einlege.

»Wie meinst du das?«, fragt er zurück.

»Na, könnte doch sein, dass irgendetwas Blödes vorgefallen ist. Ein Streit zum Beispiel«, sage ich.

»Nein«, antwortet er, »Streit gab es eigentlich keinen.«

Ich versuche es noch mal, immer noch ganz nebenbei.

»Könnte doch auch sein, dass irgendwas besonders Schönes vorgefallen ist«, mutmaße ich.

Treffer! Ich sehe es ihm gleich an.

»Ja, ich hab jetzt eine Freundin«, verkündet er – ganz stolz und zufrieden. Anschießend zieht er wieder ab, telefonieren.

Noch vor fünf Tagen fand er Mädchen total blöd. So schnell kann es gehen.

Die ganze Episode macht mich irgendwie innerlich froh. Nicht, dass ich es so wichtig finde, dass er jetzt bereits eine Freundin hat. Sondern dass ich die Dinge, die er erlebt, jetzt mehr mitbekomme, all die kleinen Veränderungen und Ereignisse bei der Verwandlung vom Jungen zum Jugendlichen.

Natürlich interessiert mich jetzt brennend, was das heute in dem Alter bedeutet: eine Freundin haben.

»Ist er überhaupt richtig aufgeklärt«, sorgt sich meine Mutter gleich.

Keine Ahnung. Das heißt: Klar habe ich ihn mal aufgeklärt, irgendwann, als er klein war. Aber vielleicht erinnert er sich gar nicht mehr daran. Auch mein Mann meint, ich solle mal ein Gespräch führen.

Dazu kommt es aber nicht, denn als ich mal mit ihm über solche Sachen reden will – als er im Auto neben mir sitzt und mir also nicht entkommen kann –, weigert er sich schlichtweg, »darüber« mit mir zu reden.

»Und wenn du jetzt weitermachst, erzähle ich dir nie wieder was«, sagt er, und dann setzt er seine Kopfhörer auf.

Weil's ihm so peinlich ist, gehe ich davon aus: Er weiß Bescheid.

Immerhin, eines habe ich bei dem gescheiterten Aufklärungsgespräch rausgehört: Dass sie nämlich nicht mal Händchen halten, wenn sie »miteinander gehen«. Sondern einfach nur stundenlang telefonieren, im Internet chatten und sich im Kino treffen.

Einen Monat später trennt sich das Mädchen von meinem Sohn, und ich mache mir schon größte Sorgen darüber, wie er das wohl verkraftet. Doch nur ein paar Tage später hat er die nächste Freundin. Und zukünftig wechselt er die Freundinnen dann im

Monatstakt. Nun ja, er ist halt ein hübscher Kerl, der bei den Mädchen gut ankommt. Da bin ich schon ein bisschen stolz drauf. Besser jedenfalls, als wenn er nie eine abbekommen würde.

Auch meine kleine Tochter lerne ich besser kennen. Sie ist sowieso noch in einem Alter, wo Kinder all ihre kleinen Freuden und Sorgen mit ihrer Mama teilen, und ich dachte, dass ich schon alles mitbekomme. Ich habe aber bisher nicht gewusst, wie ehrgeizig sie ist.

Im Kindergarten gibt es im Hof ein Spielhäuschen aus Holz. Die etwas älteren Kinder schaffen es, sich auf das Dach hinaufzuhangeln, und sitzen dann auf dem Giebel. Sie kann das noch nicht. Und das lässt ihr keine Ruhe.

Jeden Tag erzählt sie von dem Spielhaus. Immer noch schafft sie es nicht bis nach ganz oben. Aber jetzt kommt sie schon bis zur Mitte des Daches. Dann rutscht sie ab und saust in den Sand. Ihre kleinen Beine sind schon ganz voller blauer Flecke, aber das ist ihr ganz egal.

Eines Tages komme ich zum Kindergarten, und da sehe ich: Sie hat es geschafft. Rittlings sitzt sie da oben, total stolz. Mir kommt es wahnsinnig hoch vor, beängstigend hoch. Ich glaube kaum, dass ich selbst da raufklettern könnte. Aber sie hat es geschafft.

Eines Abends sehe ich beim Duschen, dass ihre Haut dort, wo der Popo in die Beine übergeht, knallrot aussieht.

»Das kommt, weil ich die ganze Zeit auf der Kletterstange gesessen hab«, berichtet sie.

»Dann setz dich doch morgen lieber nicht so lange auf die Stange«, schlage ich vor.

»Okay«, sagt die Kleine. »Morgen mache ich das nicht, aber heute musste ich. Weil: Ich musste das doch lernen!«

In manchen Dingen ist sie ganz anders, als ihr Bruder in dem Alter war: Er war beispielsweise sehr stark fixiert auf seine beiden besten Freunde im Kindergarten, und wenn keiner von ihnen da war, fühlte er sich verloren.

Die Kleine hängt auch mit großer Liebe an ihren Kindergartenfreundinnen, das sind aber nicht nur zwei, sondern es ist gleich ein ganzer Pulk. Eine richtige kleine Girlie-Gang. Und sie tut sich auch leichter, Kontakt zu anderen Kindern zu bekommen. Man merkt das, wenn wir zusammen rausgehen: Überall, wo wir hingehen, trifft sie Kinder, die sie kennt.

»Da ist die Laura aus der anderen Kindergartengruppe«, erklärt sie dann zum Beispiel, und schon ist sie weg, bei Laura.

Oder: »Da ist der Junge, der mal im Schwimmbad war«, und schon rennt sie los zu ihm.

Wenn wir zu Fuß unterwegs sind und uns Passanten entgegenkommen, dann ruft sie ihnen immer ein lautes »Guten Tag« zu. Manchmal ruft sie auch »Hallihallöchen«. Wo sie das nur her hat? Jedenfalls lachen die Leute meistens und freuen sich über den Gruß.

Meine charmante und kontaktfreudige kleine Tochter bringt auch mir alle möglichen Bekanntschaften ein: Wenn wir auf dem Spielplatz sind, kommen regelmäßig Mütter oder Väter auf uns zu, die uns zu sich einladen oder Treffen für die nächsten Tage auf dem Spielplatz verabreden wollen, damit ihre Kinder mit meiner Tochter spielen können. Im Seitenfach meiner Handtasche steckt immer ein ganzer Haufen Zettel mit Telefonnummern von Eltern aus der Nachbarschaft. Und sobald ich die rausgeräumt und die Nummern in mein Adressbuch eingetragen habe, sammeln sich wieder neue an.

In anderen Dingen ähneln meine Kinder sich dann auch wieder sehr: Unser Sohn hatte im Kindergartenalter die Phantasie, er wäre ein Zauberer und regierte über das Zaubererland. Er lebte sozusagen in einer Parallelwelt.

Die Kleine hat zwar kein eigenes Land, aber eine eigene Sprache, die nennt sie »Terösisch«. Dauernd übersetzt sie für uns: Dann erfindet sie merkwürdige Laute wie »Geöd derö paradö« und sagt, das heiße Müsli auf Terösisch.

Außerdem behauptet sie, sie habe eine kleine Schwester namens Josephine. Josephine ist unsichtbar, deshalb muss man bei uns im Haus ziemlich aufpassen. Setze ich mich zum Beispiel arglos auf einen Stuhl, dann kann es sein, dass meine Tochter ein entsetztes Geschrei anstimmt: »Mama, steh sofort auf, du sitzt auf der Josephine!«

Die Kleine wird auch andauernd auf Geburtstagspartys eingeladen, so oft, dass wir manchmal selbst schon gar keine Unternehmungen einplanen können: Mehrfach canceln wir Verabredungen zum Grillen an der Isar oder in den Biergarten, weil wir die Kleine zu Geburtstagsfeiern bringen und wieder abholen müssen. Und wöchentlich eile ich in den Spielzeugladen, um kleine Geschenke zu erstehen – bis ich dann mal kurzerhand eine ganze Batterie bunter Dosen mit Auffädelperlen erstehe, damit wir für jeden Fall gerüstet sind.

Oft, wenn wir die Kleine hinbringen oder abholen und bei den Gastgebern den obligatorischen Eltern-Prosecco einnehmen, kommt der Große mit. Manchmal moderiert er bei der »Reise nach Jerusalem« oder leitet die Kleinen beim Topfschlagen an. Seit er laufend Freundinnen hat und dadurch seinen nächsten Entwicklungsschritt vollzogen hat, erlaubt er sich auch wieder, mal ganz kindlich und verspielt zu sein. Und natürlich ist er scharf auf die üblicherweise gereichten Würstchen und auf ein paar Stücke vom Geburtstagskuchen – sein Appetit ist immer noch gigantisch.

Und schließlich lebt sogar unser altes Ritual wieder auf: das Federballspielen.

Wir hatten das mal angefangen, als der Große noch ein kleiner Pimpf in der zweiten Klasse war, und ursprünglich war es eine Fördermaßnahme: Früher war mein großer Junge nämlich ein unsportlicher und bewegungsfauler kleiner Kerl. Wenn die anderen im Hof des Hortes Fußball spielten, mochte er nie mitmachen. Und wurde er mal dazu überredet, dann stand er immer nur lahm herum, während die anderen wie die Verrückten dem Ball hinterherrannten.

Weil er sich außerdem weigerte, in einen Turnverein zu gehen, und alles, was körperliche Anstrengung beinhaltete, ablehnte, kaufte ich eines Tages sehr leichte und teure Federballschläger in einem Sportgeschäft, nur weil er einmal bei Freunden gespielt und ihm das Spaß gemacht hatte.

Und dann spielten wir in den Osterferien jeden Morgen auf der Wiese beim Spielplatz hinterm Haus. Die Kleine war da noch ein Baby, wir hatten sie im Buggy dabei. Ich war damals im Erziehungsurlaub und hatte Zeit. Oft waren wir die Einzigen auf dem Spielplatz. Es war, als gehöre er ganz allein uns, als wäre er unser privater Platz. Wer schon mal sonnige Stunden auf einem grünen, ruhigen Spielplatz zur Morgenzeit verbracht hat, kann sich vielleicht vorstellen, welch schöne Momente wir damals verbrachten. Und als die Schule wieder losging, verlegten wir unser rituelles Federballspiel auf den späten Nachmittag.

Später entdeckte mein Großer im Eislauf- und Karateverein doch noch seine sportliche Ader, und derzeit ist er ein begeisterter Handballer.

Verändert hat sich auch der Spielplatz hinterm Haus: Leider ist er etwas heruntergekommen. Früher floss mal ein flacher, kleiner Bach neben der Sandkiste durch die Anlage, und an warmen Tagen planschten die Kinder darin, als wären sie am Strand. Heute ist der Bach – aus unerfindlichen Gründen – mit einem Zaun eingegrenzt, und die grüne Wiese daneben ist ungepflegt und besteht mehr aus staubiger Öde als aus Gras. Trotzdem will die Kleine manchmal zu diesem Spielplatz, denn ein Asphaltweg umkreist die Anlage, der ideal dafür ist, Runden auf dem Fahrrad zu drehen. Und einmal sagt der Große, er komme auch noch gern nach, wenn er mit seinen Hausaufgaben und der Lernerei fertig ist.

Eigentlich hatte ich erwartet, dass er mit einem dicken Schmöker erscheint wie sonst auch, wenn er uns auf einem Spielplatz besucht und sich zum Lesen in eine sonnige Ecke verzieht. Doch diesmal kommt er mit den alten Federballsachen, die er irgendwo aus einer Ecke seines Zimmers gekramt hat.

Es ist jetzt ganz anders, wenn wir zusammen spielen: Mittlerweile ist er größer als ich, und er hetzt mich ganz schön rum. Die Kleine hat sich mit einer Gruppe älterer Mädchen angefreundet, die Handstand und Radschlagen in der Sandkiste üben, und sie probiert unablässig den Handstand. Ihre langen Haare sind schon ganz staubfarben, weil sie es noch nicht ganz hinbekommt und immer mit dem Kopf im Sand landet. Manchmal kommt sie zu uns und will mitspielen, aber noch sind die Schläger zu groß für sie. Aber es ist klar: Bald wird sie mit ihrem Bruder spielen, ihr Ehrgeiz ist schon entfacht.

Seither spielen wir wieder regelmäßig Federball. In den frühen Abendstunden, wenn das Licht weich und warm wird, wirkt der Spielplatz hinterm Haus noch so idyllisch wie früher. Und einmal, als wir uns danach verschwitzt auf der Bank ausruhen, lässt mein Sohn seinen Blick in den blauen Himmel und über die von der Abendsonne beschienenen Baumwipfel schweifen und gibt ganz verträumt von sich: »Sind so schöne Tage jetzt.« Ja, das sind echt schöne Tage.

Hausfrauen kennen keinen Urlaub

Die Idee, in den Pfingstferien ans Meer zu fahren, kommt nicht von mir. Ich hätte mich mit dem Hüttenurlaub in den bayerischen Alpen zufriedengegeben. Ganz ehrlich.

Es ist mein Mann, der urplötzlich unbedingt Strandurlaub machen will. »Wandern, das ist doch gar kein richtiger Urlaub«, sagt er. Er sei einfach urlaubsreif. Und entspannen könne er nur am Meer.

Mir geht es nicht anders. Doch dann denke ich an unser Budget, und dem täte es ganz gut, wenn wir in diesem Jahr auf größere Reisen verzichten würden. Ich will ja, dass mein Mann sich seine Hausfrau noch länger leisten kann. Wenn wir aber weiter derart prassen, sehe ich meine Position gefährdet.

»Wir müssen ja nicht unbedingt fliegen. Wir fahren einfach mit dem Auto in den Süden. Das ist nicht so teuer«, sagt mein Mann. Und schon bin ich einverstanden, denn ich will ja auch gern ans Meer.

Weil ich diejenige bin, die Zeit hat, fällt mir auch die Aufgabe zu, das Urlaubsziel auszusuchen. Früher habe ich das immer im Büro gemacht – ungestört von meinen beiden Kindern. Jetzt sind sie aber dauernd um mich herum, und da kann ich selten unbehelligt ins Internet schauen.

Also suche ich abends nach Urlaubsorten, wenn die Kinder schlafen. Ich surfe nach Südfrankreich (zu teuer), in die Normandie (zu weit), an die italienische Adria (zu verbaut), bis ich mich in der vierten Nacht für die südliche Toskana am Meer entscheide. Da habe ich fast schon gar keine Lust mehr, Ferien zu machen.

Urlaubsplanung kann nämlich in richtigen Stress ausarten, wenn es gilt, so anspruchsvolle wie unterschiedliche Interessen wie die meiner Familienmitglieder unter einen Hut zu bringen: Die Kleine will einen Sandstrand. Mein Mann will Ruhe, sauberes Meerwasser, gutes Essen und eine geringe deutsche Touristendichte. Mein Sohn dagegen wünscht sich möglichst viele gleichaltrige Deutsche, jede Menge Pools und dass richtig was los ist. Ich möchte, dass die Sache nicht zu teuer wird.

Wir entscheiden uns schließlich für einen Campingplatz in einem Pinienwald am Meer und buchen dort einen kleinen Bungalow, der in skandinavischem Stil gehalten ist: mit Veranda und weiß abgesetzten Balustraden. Es gibt Pools, Meer, Sand, Wasserrutschen, sogar einen kleinen Zoo, und unser Bungalow liegt, laut Lageplan, in einer ruhigen Ecke. Und es gibt auf dem Gelände einen Supermarkt, denn ich plane, oft selbst zu kochen, um die Kosten im Rahmen zu halten.

Während der Urlaubsvorbereitungen frage ich mich immer mal wieder – wie bei so vielen Dingen –, wie ich solch eine anspruchsvolle und zeitaufwendige Sache wie die Organisation einer Reise für eine vierköpfige Familie früher neben dem Job geschafft habe. Mir kommt das jetzt ganz unmöglich vor.

Allein das Pre-Holiday-Shopping stresst mich enorm: Wir brauchen Kindersonnencreme für unser Kleinkind mit ganz hohem Lichtschutzfaktor, außerdem fettfreie für den Pubertisten, dann eine gegen Mallorca-Akne für mich und eine besonders leicht verteilbare für meinen Mann, weil der sich sonst gar nicht einschmiert.

Außerdem brauchen wir Sonnenhütchen für die Kleine, weil die vom letzten Jahr nicht mehr passen, Flip-Flops für den Großen (dito), eine Luftmatratze, neue Schwimmflügel, Reiselektüre (allein mein Sohn frisst pro Urlaubswoche im Schnitt zwei vierhundert Seiten starke Wälzer). Ich kaufe außerdem Hörspielkassetten für die Autofahrt, Sonnenbrillen für beide Kinder, weil die vom letzten Jahr nicht mehr auffindbar sind. Shampoo für Kleinkinder, Shampoo für pubertätsschuppiges Haar, Haarwaschmittel und Kurpackungen für blondiertes Haar. Körperlotionen, Babypuder (wirkt gegen Hitzepickel), Lippenbalsam mit Sonnenschutz und ein neues Unospiel, weil das alte, seit Apfelsaft darüber geschüttet wurde, unbrauchbar ist.

Außerdem benötigen wir noch Katzenfutter und Katzenstreu auf Vorrat, damit die Nachbarin, die unsere Mieze hütet, nicht extra in den Supermarkt laufen muss.

Dann stelle ich fest, dass unsere Reisetaschen in einem beklagenswerten Zustand sind, stellenweise sogar löchrig. Also muss ich neue erstehen.

Danach muss unsere kleine Tasche mit Reisemedizin aufgestockt werden. Einen ganzen Abend verbringe ich damit, abgelaufene Medikamente zu entsorgen und eine Liste mit dem Notwendigsten für die Apotheke zu erstellen: Mittel gegen Fieber und Durchfall und Allergien und Kopfschmerzen und Ohrenschmerzen und Halsweh, Mullbinden, Desinfektionsmittel. Als würden wir in ein Entwicklungsland und nicht innerhalb Europas verreisen. Aber es könnte natürlich sein, dass irgendjemand von uns mitten in der Nacht akut erkrankt und gerade keine Apotheke offen hat und alle Ärzte schlafen. Dafür gilt es, gerüstet zu sein.

Schließlich habe ich für alles Nötige fast ebenso viel Geld ausgegeben, wie der Bungalow für zwei Wochen kostet. Dabei habe ich mich sogar bei meiner Urlaubsgarderobe zurückgehalten: Nur neue Sandalen konnte ich mir nicht verkneifen, die mussten einfach sein. Und drei Trägerkleidchen bei H&M, doch die zählen fast nicht, so herabgesetzt, wie die waren.

Am meisten nervt mich allerdings die Packerei. Bevor es so weit ist, muss aber noch gewaschen werden. Dabei stellt sich dann regelmäßig heraus, dass wir nicht genügend Sachen besitzen. Und das, obwohl unsere Schränke überquellen. Es ist immer wieder aufs Neue rätselhaft.

Kaum habe ich also einen Stapel T-Shirts zum Packen zur Seite gelegt, hat der Große gar keine frischen mehr im Schrank. Also brechen wir den Stapel wieder an, waschen erneut – und so weiter. Am Abend vor der Abfahrt muss ich dann noch schnell zwei Kleidchen meiner Tochter mit dem Haarföhn trocknen, damit ich sie mitnehmen kann.

Außer Sommerklamotten brauchen wir, für den Fall der Fälle, auch Pullis und Regensachen sowie Gesellschaftsspiele, Malzeug, Sandförmchen, Kuscheltiere, Bilderbücher und so weiter.

Mein Mann aber muss im Büro noch alles Mögliche erledigen, bevor er wegfahren kann, er kommt die ganze Zeit erst spätabends nach Hause, und deshalb bin natürlich ich es, die packt und räumt und umpackt und auf der Suche nach den Badelatschen der Kleinen unter den Betten herumrobbt.

Schließlich, die Taschen stehen schon im Flur und mein Mann liegt bereits im Bett – er muss ja fit sein, weil er am Steuer sitzen wird –, schmiere ich noch Brote als Proviant für die Fahrt. Mein Rücken tut mir weh. Ich bin so müde, dass ich mich in diesem Moment nicht mal auf die Reise freuen kann.

*

Der Wecker läutet um zwei, denn wir wollen schon nachts los, damit wir nicht in einen Stau kommen und die Kinder den ersten Teil der Fahrt schlafen können. Die sehen das allerdings anders und wollen nicht schlafen, sondern Kassetten hören. Und schon entflammt der erste Streit: Der Große will Musik hören, die Kleine *Petterson zeltet*.

»Jetzt ist erst mal Ruhe«, bestimmen wir und hoffen, dass sie ohne Berieselung einfach doch wieder einschlafen.

Nach einer Stunde geben wir auf und legen *Petterson* ein. Der Große soll einfach auf seinem iPod Musik hören. Doch das ginge nicht, behauptet der, weil ihn die Kopfhörer stören, wenn er seinen Kopf an die Seitenstütze seines Sitzes lehnt.

Dann muss er eben *Petterson* mithören.

Kurz darauf bekommt er Hunger, und da fällt uns auf, dass wir die Sandwichs im Kühlschrank vergessen haben. Also beschließen wir, uns bei der nächsten Autobahnraststätte mit neuem Proviant einzudecken. Jetzt fällt mir auch ein, dass ich nicht daran gedacht habe, die Zeitung abzubestellen.

Vom Geräusch unserer Autotür an der Autobahnraststätte schreckt dann die Kleine heulend hoch, sie war nämlich offenkundig doch eingenickt.

Zehn Minuten später – wir sind wieder auf der Autobahn – fällt ihr ein, dass sie jetzt ganz schnell aufs Klo muss. Also müssen wir erneut von der Autobahn runterfahren. Langsam wird es draußen hell und der Verkehr immer dichter. Wir sind noch nicht mal hundert Kilometer weit gekommen und haben noch knappe achthundert vor uns. Bei dem Tempo werden wir bis übermorgen dafür brauchen.

Es wird dann doch nicht ganz so schlimm: Die Kleine weigert sich zwar, etwas anderes zu hören als *Petterson zeltet*, so dass ich beim vierten Durchlauf den Text auswendig mitsprechen kann, doch auf der Höhe von Verona, als die Sonne durch die Autofenster sticht, schlafen beide Kinder tief und fest und schwitzen still vor sich hin.

Am liebsten würde ich jetzt auch einschlafen. Meine Augen brennen vor Müdigkeit, und weil wir uns, um die Kinder nicht zu wecken, eine Unterhaltung verkneifen, breitet sich jetzt schläfrige Stille im Wagen aus. Nur das Motorengeräusch ist zu hören.

»Schlaf doch ein bisschen«, schlägt mein Mann flüsternd vor.

Doch das kann ich nicht, das entspricht nicht meinem Naturell: Als Beifahrerin passe ich stets zwanghaft auf, dass der Fahrer keinen Fehler begeht. Ich bremse sozusagen auf dem Beifahrersitz mit. Ich kann mich einfach nicht entspannen. Das ist fast genauso anstrengend wie selbst zu fahren.

Nach gefühlten zwanzig Stunden kommen wir endlich an. Der Bungalow ist tatsächlich ganz hübsch, wenn er auch nicht – wie man anhand des Fotos im Internet hätte glauben können – aus Holz, sondern großteils aus Blech und Beton besteht. Und er ist winzig. Egal, die Lage ist wunderbar, es duftet nach Pinien, und weil wir das Glück haben, ganz am Rand der kleinen Ferienhaussiedlung untergebracht zu sein, blicken wir in ein kleines Waldstück statt auf die Rückwand eines benachbarten Bungalows. Es ist ruhig hier. Bei den Pools dagegen tobt das Leben, aber die sind weit weg.

Leider ist der Strand nicht allzu nah, denn die ganze Anlage ist riesig. Besonders weit weg ist allerdings der nächste Ort, was schade ist, denn es ist ein bezaubernder Fischerort mit malerischen Gassen und hübschen kleinen Trattorien. Wir haben auf der Hinfahrt dort kurz haltgemacht.

Jetzt haben wir Hunger, aber ins Auto bekomme ich meinen Mann nicht mehr. Also gehen wir im einzigen Restaurant des Campingplatzes essen.

Leider hatten bereits rund hundert weitere Campinggäste die gleiche Idee, und die Küche des winzigen Restaurants ist total überfordert. Als unser Essen kommt, hat die Kleine vor Hunger und Müdigkeit schon den zweiten Wutanfall hinter sich. Und der Große macht ein langes Gesicht: Hier im Restaurant hört er nur Italienisch, aber kein Wort Deutsch. Also schwindet seine Hoffnung auf gleichsprachige Altersgenossen.

Wir sind da gespalten: Einerseits vermissen mein

Mann und ich die deutschen Urlauber überhaupt nicht. Andererseits wird es sicher kein unproblematischer Urlaub, wenn der Junge keinen Anschluss findet und sich zwei Wochen langweilt.

Als wir später am Strand sind, sehen wir doch noch einige Deutsche – es gibt nämlich welche, nur kochen sie ihr Mittagessen offenbar hauptsächlich auf den Zeltplätzen, wo sie urlauben.

»Wenn man Kinder hat, freut man sich im Urlaub sogar über deutsche Touris. Schon komisch!«, sagt mein Mann, und ich gebe ihm recht.

Dann nickt er ein. Er hat es verdient nach der langen Fahrt. Leider sind die Kinder noch nicht eingecremt, also muss ich das übernehmen. Und außerdem wollen sie unbedingt die neue Luftmatratze ausprobieren, doch die liegt noch im Kofferraum des Wagens, der beim Bungalow geparkt ist. Die Kinder betteln so lange, bis ich bereit bin, sie zu holen.

Da fällt mir ein, dass ich die Kleine ja unmöglich ohne Beaufsichtigung eines Erwachsenen am Strand zurücklassen kann, darum nehme ich sie mit, und auf halbem Weg muss ich sie dann tragen, weil sie plötzlich wieder so müde ist. Als mir das zu viel wird und ich sage, dass ich jetzt einfach keine Lust mehr auf die blöde Luftmatratze habe und lieber zum Strand zurückgehen möchte, weint sie, und mir tut es leid, und ich trage weiter.

Als ich später die Luftmatratze am Strand aufblase, wird mir schlecht. Kurz: Die nötige Erholung kann sich bei mir noch nicht so ganz einstellen.

Am Abend sind wir uns alle einig, dass wir viel zu faul sind, um noch in den nächsten Ort zum Essen zu fahren. Also marschiere ich in den kleinen Supermarkt, der zu dem Campingplatz gehört, und kaufe überteuerte Waren ein. Aber wenigstens ist alles lecker, sogar die simple Tomatensauce zu den Nudeln schmeckt am Originalschauplatz besser, und auch der einfache Rotwein, die einzige Marke, die ich im Regal finden konnte, ist annehmbar. Und wie wir so vor unserem Blechbungalow am Pinienwald sitzen, breitet sich endlich etwas Urlaubsgefühl in mir aus.

Im Laufe des Urlaubs wird mir der tiefere Sinn des Wortes Luftveränderung klar. Es ist nämlich so, dass hauptsächlich die Luft – und natürlich die Landschaft – anders ist als zu Hause. Mein Alltag ist aber in etwa der Gleiche.

Morgens mache ich Frühstück und räume anschließend den Frühstückstisch ab. Dann räume ich den Bungalow auf – was unbedingt täglich nötig ist, denn er ist so klein, dass man ansonsten dauernd über herumliegende Sachen stolpern würde – und ermahne meine Familienmitglieder, mir zu helfen. Hinterher creme ich die Kinder ein, wir packen die Badesachen und gehen ans Meer. Letzteres ist in jedem Fall eine Verbesserung, denn zu Hause würden wir an einem sonnigen Tag in den Pfingstferien ins überfüllte Freibad gehen.

Mittags koche ich, danach frage ich den Großen in Latein ab oder zwinge ihn, ein paar Matheübungen zu machen. Dann geht es wieder an den Strand, und manchmal machen wir auch einen Ausflug.

Ab und zu gehen wir essen. Das bringt zwar eine gewisse Entspannung, die aber dadurch wieder zunichtgemacht wird, dass wir ebenso oft in einen großen italienischen Supermarkt fahren müssen, um unsere Vorräte aufzustocken. Wenigstens sind die

Lebensmittel, die wir dort kaufen, deutlich leckerer als die, die bei uns angeboten werden.

In früheren Zeiten hat es mir nie etwas ausgemacht, im Urlaub für die Familie kochen zu müssen, im Gegenteil, ich hatte damals richtig Spaß dabei. Es war eben eine Abwechslung von meiner damaligen Routine. Das Gegenteil ist diesmal der Fall, die Routine habe ich an den Urlaubsort mitgenimmen, deshalb bin ich etwas entnervt.

»Du wolltest es doch so«, sagt mein Mann.

Das ist wahr, ich hatte nämlich gegen eine kleine italienische Pension gestimmt, bei der die Verpflegung inklusive war, weil ich unser gemeinsames Geld sparen wollte. Das habe ich jetzt davon.

Das Ganze ist, so geht es mir durch den Kopf, typisch Hausfrau: sich erst aufopfern, ohne dass jemand das verlangt hätte, und dann auch noch jammern. Bei dem Gedanken muss ich über mich selbst lachen, und da fällt mir alles wieder etwas leichter.

Immerhin essen wir jetzt stets an der frischen Luft. Wir baden in einem sauberen Meer, radeln auf Leihfahrrädern durch den Pinienwald, besuchen den kleinen Tierpark, bauen Sandburgen, lesen viel. Die Kleine freundet sich mit zwei Mädchen aus Nürnberg an, die so stark fränkeln, dass sie sie fast nicht versteht. Aber das stört beim Buddeln im Sand anscheinend wenig.

Der Große ist mal einen Nachmittag lang verschollen – und ich bin schon in Panik –, weil er mit drei Jungen aus Augsburg in einem Wohnmobil Karten spielt und die Zeit vergisst. Sonst gibt es keine größeren Vorkommnisse.

Jedenfalls hat sich mein Mann sichtlich gut erholt,

und deshalb packt er vor der Abreise alle Taschen. Ist ja auch ein Klacks, findet er und braucht dazu gerade mal eine Stunde. Ich verkneife es mir, ihn darauf hinzuweisen, dass es schon ein gewisser Unterschied ist, ob man zu Hause erst alles zusammensuchen und waschen muss oder ob man einfach nur Schmutzwäsche in die Taschen knüllt.

Bei der Abreise – diesmal fahren wir nicht am frühen Morgen, sondern am späten Nachmittag los – schalte ich gleich *Petterson zeltet* ein. Die Geschichte langweilt die Kleine mittlerweile offenbar selbst schon so, dass sie gleich einschläft, und kurz darauf wird auch ihr Bruder vom Schlaf übermannt.

Unsere Wohnung, die ich geputzt zurückgelassen habe, finden wir total verdreckt vor, denn hier hat zwei Wochen lang die Katze allein gehaust und sich damit die Zeit vertrieben, Erdklumpen aus Blumentöpfen zu fischen und damit Ball zu spielen. Und während Mann und Kinder in den Betten liegen, wische ich mal kurz durch und lasse schon die erste Maschine mit schmutziger Urlaubswäsche laufen.

Als ich dann beim Zähneputzen vor dem heimischen Badezimmerspiegel stehe, fällt mir auf, wie braun ich geworden bin: Ich sehe richtig gut erholt aus!

Deko-Wahn

Wenn ich im Urlaub am Strand vor mich hin döse, dann denke ich oft an meine Wohnung. Nicht aus Heimweh. Ich sinniere vielmehr darüber, wie ich sie umgestalten könnte. Ich träume so vor mich hin, ob ich vielleicht mal den Flur neu streichen oder mir für das Wohnzimmer einen neuen Sessel leisten soll und wie der aussehen könnte. Bei solchen Überlegungen kann ich richtig gut entspannen.

Als sich früher nach dem Urlaub sofort der Berufsalltag über mein Dasein stülpte, wurden all diese kleinen Pläne vertagt – meist bis zum nächsten Kurzurlaub, den ich dann oft bei Ikea und im Baumarkt verbrachte.

Diesmal kann ich gleich am Montag nach den Ferien loslegen. Es wurde auch Zeit: Denn eines der maßgeblichen Elemente der Hausfrauentätigkeit, das ich aber bislang vernachlässigt habe, ist die permanente Umdekorierung der Wohnung. Dabei geht es um eine Art Beschäftigungsmaßnahme für die Momente, wenn der Hausputz erledigt ist – oder man sowieso keine Lust hat zu putzen. Der Antrieb hierzu nährt sich aus dem weiblichen Nestbautrieb, denn auch wenn das Nest schon besteht, muss es ja permanent instand gehalten werden.

Diesmal sind die Balkone dran. Ich bin in der glücklichen Situation, gleich zwei davon zu besitzen, was mich bezüglich der Outdoor-Gestaltungsmöglichkeiten mit jeder Durchschnittshausfrau gleichstellt, deren Reihenhausgarten meist auch nicht größer ist als die Fläche meiner beiden kleinen Balkone. Es gibt also einiges zu tun.

Bisher hat buntes Kuddelmuddel auf beiden Balkonen geherrscht: Die Sonnenschirme – die wegen Verschleißerscheinungen ohnehin mal ausgemustert werden sollten – sind farbenfroh mit Fünfziger-Jahre-Motiven bedruckt, in den Pflanzenkübeln stecken bunte Glaskugeln an Holzstäben, und mit den Kissen, die wir aus Thailand mitgebracht haben, Kerzenhaltern in Regenbogenfarben und schrill bedruckten mexikanischen Tischdecken fügt sich das Bild zu einem fröhlichen Stilmix – dachte ich zumindest eine Zeitlang.

Urplötzlich aber ändere ich meine Meinung und sehne mich nach klaren Linien und entspannter Reduziertheit. Zumindest ein Balkon soll eleganter werden.

Also transportiere ich den knallbunten Plunder komplett auf den Wohnzimmerbalkon, der nun aussieht wie eine Mischung aus Orientbazar und Thailounge und der mir in dieser konsequenten Verkitschung wieder ganz gut gefällt. Als Kontrast dazu soll der Küchenbalkon aber nun im japanischen Stil gehalten werden und eine Oase der Ruhe bilden, zumindest optisch.

Zunächst wandert der kleine Kunststoff-Klapptisch, den wir zuvor immer unter den bunten Tischdecken versteckt haben, auf den Sperrmüll. Keine Minute mag ich das alte Ding mehr vor Augen haben. Dummerweise finde ich dann nicht gleich einen Holztisch in passendem Format, zumindest nicht in der Preiskategorie, die ich mir vorgestellt habe. Am Abend wundert sich die Familie, warum jetzt plötzlich gar kein Tisch mehr auf dem Balkon steht. Sie finden das doof, denn auf diesem Balkon nehmen wir im Sommer oft unser Abendessen ein, weil der andere dafür zu klein ist.

Tags darauf finde ich einen Tisch, der genauso aussieht, wie ich ihn mir vorgestellt habe, doch es stellt sich heraus, dass er zu hoch für unsere Baststühle ist. Also muss das unhandliche Stück in den Laden zurückgetragen werden.

Am nächsten Tag fährt mein Mann abends noch in den Baumarkt, weil er bestimmte Stecker kaufen will, und um mir eine Freude zu machen, bringt er einen neuen Sonnenschirm mit – einen in der Art, wie wir sie bisher immer hatten: bedruckt.

»Aber Schatz«, rüge ich ihn, »der passt höchstens auf den Thaibalkon, und da haben wir doch schon einen. Wir brauchen aber einen neuen Schirm für den Japanbalkon, und der sollte einfarbig sein, ist doch klar.«

»Japanbalkon?!«, wiederholt mein Mann und schaut mich so verdutzt an, dass mir klar wird, dass er meinen Ausführungen über die innenarchitektonische Umgestaltung unserer Balkone keine Sekunde Gehör geschenkt hat.

»Die Funktion eines Sonnenschirmes ist es, Schatten zu spenden«, erklärt er. »Die erfüllt dieser Schirm. Und wenn er dir nicht gefällt, dann musst du ihn schon selbst umtauschen.«

Damit bin ich sofort einverstanden, schon um nicht das Risiko einzugehen, dass er wieder einen Schirm kauft, den ich nicht mag.

Noch immer haben wir keinen Tisch.

Während ich nach Balkontischen suche, mache ich mir Gedanken über neue Sitzkissen für die Baststühle. Sie sollen einfarbig orange sein und mit unseren Sechziger-Jahre-Stühlen in der Küche korrespondieren, die ebenfalls orange sind. So stelle ich mir das vor.

Einfarbige orangefarbene Kissen gibt es allerdings nirgends, nur welche mit Aufdruck, und die sehen billig aus und passen allenfalls zu hässlichen Plastikgartenmöbeln, nicht aber auf einen Japanbalkon. Also gehe ich in ein Geschäft mit Möbelstoffen und Dekowaren, und dort gibt es orangefarbene Kissenbezüge – für 49 Euro pro Stück. Das ist in etwa der Preis, den ich bereit war, für den Balkontisch zu bezahlen, nicht aber für einen Kissenbezug. Zudem brauche ich ja nicht nur einen, sondern vier Stück davon.

Also entscheide ich, die Bezüge selbst zu nähen. Dazu brauche ich Stoff. Den teuren Möbelstoffladen möchte ich nicht noch mal aufsuchen, deshalb gehe ich in die Innenstadt und stelle fest, dass – anders als in meiner Studentenzeit, in der ich mir manchmal sogar Kleider genäht habe – heute fast nirgendwo mehr Stoffe verkauft werden.

»Bei den günstigen Kleidern, die es heute gibt, näht doch kein Mensch mehr selbst«, verspottet mich eine Verkäuferin, die ich nach der Stoffabteilung frage.

Es gibt also keine Stoffabteilung, allerdings soll irgendwo noch ein Stoffgeschäft existieren, dessen Adresse ich erst mal im Internet recherchieren muss.

Tags darauf – im Stoffladen – finde ich tatsächlich orangefarbenen Stoff. Viele Bahnen davon. Er ist entweder durchwirkt mit beigefarbenen Fäden, oder er glänzt billig, oder der Ton ist zu schrill, zu rötlich, zu gelblich, zu saft- und kraftlos. Nach langem Zögern entscheide ich mich schließlich für einen Baumwollstoff, der farblich zwar von einem kleinen Muster in einer anderen Orangenuance durchbrochen wird, doch das ist so dezent, dass ich damit leben kann.

An diesem Abend sind wir bei Freunden eingeladen, so dass ich mir wenigstens keine Bemerkungen wegen des fehlenden Tisches anhören muss. Und am nächsten Abend stelle ich fest, dass sich offenbar schon alle mit unserer Tischlosigkeit arrangiert haben.

»Wir können ja ein Picknick auf dem Balkon machen«, schlägt mein Sohn vor, und die Kleine schreit hurra und schleppt gleich Decken an.

So sitzen wir auf dem Balkonboden, essen Käse und Weißbrot, Oliven und Trauben und tun so, als seien wir im Grünen. Es wird ein sehr entspannter Abend.

»Vielleicht brauchen wir gar keinen Tisch mehr?«, überlegt mein Mann scherzend.

Ich finde schließlich doch noch einen passenden Tisch, und im selben Geschäft entdecke ich zufällig orangefarbene Sitzkissen für die Baststühle. Genau solche, wie ich sie die ganze Zeit über gesucht habe. Und weil ich eigentlich sowieso keine so große Lust hatte zu nähen, kaufe ich die fertigen Kissen. Den Stoff kann man ja mal als Tischdecke benützen.

Zufrieden bin ich jetzt aber immer noch nicht: Der Boden passt einfach nicht zu der Kombination aus hellem Beige und warmem Orange: Er ist grau. Also suche ich nach einem kleinen Bastteppich. Sorge macht mir auch die Bepflanzung: Meine Geranien sind die kleinsten im ganzen sechsstöckigen Haus, eigentlich sind es nur Strünke, und sie blühen noch nicht mal – im Gegensatz zu allen anderen Geranien in dieser Stadt. Dabei hatte ich früher immer die am üppigsten bepflanzten Balkone von allen.

»Wirf die scheußlichen Geranien doch einfach weg und kauf etwas Hübsches«, schlägt mein Mann vor. »Oder sind das japanische Geranien?«, spöttelt er und lacht sich zusammen mit dem Großen kaputt, und ich muss, ehrlich gesagt, auch lachen.

Mein Mann mag sowieso keine Geranien, er sagt, sie seien spießig. Ich fand aber im vergangenen Jahr, dass sie mit ihren leuchtenden Farben am besten zu dem damaligen Stilmix passten. Und ihm war's letztlich egal, weil er dachte, im Herbst würden sie sowieso entsorgt werden wie alle unsere Balkonpflanzen bisher.

Doch dann wurde ich ja Hausfrau, und da beschloss ich, das erste Mal Blumen zu überwintern. Das spart Geld, weil man auf diese Weise nicht jedes Jahr neue Balkonpflanzen kaufen muss, und als gute Hausfrau wollte ich natürlich mit unserem Budget haushalten.

Weil der Kälteeinbruch im vergangenen Winter ganz urplötzlich zu dem Zeitpunkt kam, als mein Mann gerade beruflich verreist war, schleppte ich alle Balkonkästen allein in den Keller und stellte sie unter ein kleines Fenster, durch das ein wenig diffuses Licht fiel. Wie man Geranien überwintert, hatte ich im Internet erfahren. Es gibt nämlich Chatrooms, wo Hausfrauen nichts anderes tun, als sich über solche

Dinge zu unterhalten – zum Beispiel welche Kräuter man einfrieren kann, wie man Flecken entfernt und eben wie man Geranien überwintert. Ja, seit es das Internet gibt, sind wir Hausfrauen eine weltweit vernetzte Gemeinschaft.

Ich hatte also erfahren, dass man die Pflanzen im Winter ab und zu gießen, aber nicht zu feucht oder zu trocken halten dürfe und dass man sie etwas, aber nicht zu radikal herunterschneiden soll. Wie auch immer, ich habe es dann offensichtlich ganz falsch gemacht und außerdem am Ende des Winters das Gießen vergessen.

Meine Geranienfreundinnen im Netz meinen aber, diese Pflanzen verzeihen viel, und deshalb umhege ich sie nun weiter und hoffe, dass sie doch noch mal aufblühen. In den Müll mag ich die Pflanzen nicht werfen, sie sind mir nach der ganzen Mühe, die sie mir gemacht haben, irgendwie ans Herz gewachsen. Und außerdem: Wie sollte ich das meinen Geranienfreundinnen erklären, die sich regelmäßig nach ihrem Befinden erkundigen?

Meine Freundinnen im realen Leben allerdings haben kein Herz für misshandelte Kastenblumen.

»Wie sieht denn dein Balkon aus?!«, wundert sich eine zu Besuch kommende Freundin. »Ist ja plötzlich alles so kahl!«

Und sie meint nicht nur die Begrünung, sondern sie zeigt auch auf meine kleine Sitzecke. Es ist wohl doch noch nicht auf den ersten Blick erkennbar, dass es sich dabei um einen klaren, japanisch inspirierten Einrichtungsstil handelt. Wohl weil meine diesbezüglichen Bemühungen mittlerweile durch ein Planschbecken konterkariert werden, das neben der Sitzecke aufgestellt ist und das optische Gleichgewicht empfindlich stört, denn es ist quietschbunt. Und dann stellt die Kleine auch noch ihr bonbonfarbenes Barbieschloss daneben, und irgendwann gebe ich den Versuch, zumindest auf dem Balkon in einem durchgestylten Ambiente wie in einer Wohnzeitschrift zu leben, schließlich auf, und alles verwildert wieder.

Doch schon kurz darauf habe ich einen kleinen Rückfall in meine Einrichtungsmanie: Ich sortiere die Bücher in unseren Regalen nach Farben. So habe ich das gerade in einem Magazin gesehen, und alle Frauen, die bei uns vorbeikommen, finden, das sieht toll aus, und wollen es nachmachen. Nur mein Mann bemerkt das neue Ordnungsprinzip gar nicht und räumt permanent Bücher an Stellen ein, die dort gar nicht ins System passen.

Als ich ihn einmal vorsichtig darauf aufmerksam mache, blickt er mich sehr lange und nachdenklich an. Und spricht schließlich aus, was längst offensichtlich ist: »Du hast wohl zu viel Zeit!«

Ganz so würde ich es vielleicht nicht ausdrücken: Es ist nicht so, dass ich zu wenig zu tun hätte, manchmal ist es sogar zu viel. Nach wie vor beanspruchen die Hausaufgaben und Prüfungsvorbereitungen meines Sohnes oft ganze Nachmittage. Wenn viel Wäsche anfällt, komme ich fast zu nichts anderem mehr als zum Waschen, Aufhängen, Abnehmen, Bügeln, Einräumen – und das Ganze von vorne. Abends werde ich mitunter nicht mal beiden Kindern gerecht, weil sie oft gleichzeitig etwas von mir wollen und ich auch noch das Abendessen kochen muss und nicht zu lange damit warten kann. Denn ist das Essen nicht rechtzeitig fertig, werden die beiden vor Hunger immer ganz unleidlich. Doch, ich habe schon einiges zu tun.

Es ist auch nicht so, dass ich mich langweile. Immer noch genieße ich die Zeit mit den Kindern. Ich bin auch nicht unzufrieden mit meinem Alltag mit ihnen, im Gegenteil, ich bin immer noch sehr glücklich darüber, dass wir heute intensiver zusammen sein können. Diese Zeit ist mir kostbar, sie ist nicht zur Normalität geworden, sondern immer noch etwas Besonderes.

Als Mutter ist es so, als hätte man ein Fotoalbum in sich, in dem die schönen Bilder und Eindrücke von den Kindern und die wunderbaren Augenblicke gespeichert sind. Große Momente wie die ersten Schritte, der erste Schultag. Und reizende Momentaufnahmen – ein schelmischer Gesichtsausdruck, kleine komische Liebeserklärungen: »Mama, ich hab dich so lieb, ich fress dich auf, und dann bist du in meinem Herzen.« Davon bekommt man nie zu viel.

Die Bilder aus diesem Album will man sich ganz tief einprägen, weil man ja weiß, wie schnell die schönen Jahre mit den Kindern vorüber und sie groß und selbständig sind – und man selbst älter ist. Dieses innere Album konnte ich bei mir nun um ein Vielfaches erweitern. Nein, ich langweile mich nicht, und ich bin mit meinem derzeitigen Leben sehr zufrieden.

Es ist nur so, dass ich noch Kapazitäten frei hätte.

Als ich das erkenne, weiß ich wieder, wie ich mein Leben in Zukunft leben möchte. Das Ungleichgewicht, das in mir durch zu viel Arbeit entstanden war, hat sich durch die Phase, in der ich nur für die Kinder da war, wieder eingependelt, und ich kann erkennen, wo ein Weg für mich ist.

Und da wird endlich auch mir klar, wie es meinem Mann schon eine Zeitlang klar ist, dass ich in der Zeit, in der ich Sitzkissen für den Balkon suche oder Bücher nach Farben sortiere, auch genauso gut Geld verdienen könnte.

Und ganz nebenbei bemerkt: Das vereinbarte Jahr ist jetzt auch bald vorbei.

Epilog

Wie das Hausfrauendasein endete

Nein, ich habe dann nicht beschlossen, eine Kneipe zu eröffnen. Auch kein Mutter-Kind-Café, wie das jetzt so viele Exhausfrauen tun. Ich beginne auch keine heiltherapeutische Ausbildung wie eine ganze Reihe arbeitswilliger Hausfrauen. Ich tue einfach das Naheliegende und beschließe, als freie Journalistin zu arbeiten.

Noch bevor der Entschluss richtig in mir reifen kann, bekomme ich einen Auftrag für eine kleine wöchentliche Rubrik – ganz ohne mein Zutun.

»Das ist ein Zeichen«, sagt mein Mann. Tatsächlich bin ich zunächst zurückhaltend. Ich habe fast ein bisschen Angst vor der neuen Aufgabe. Ehrlich gesagt, traue ich sie mir nicht so recht zu nach all der Zeit. Ich muss daran denken, was meine Freundin mir ganz zu Anfang meiner Hausfrauenzeit prophezeit hat: »Dein Selbstwertgefühl wird im Keller sein.«

Doch dann ist die Auftraggeberin sehr nett, und das Honorar, das sie anbietet, ist anständig, und deshalb entscheide ich mich dafür, den Auftrag zu übernehmen.

In der nächsten Zeit kommen noch einige andere Aufträge dazu, die alle zeitlich ganz gut in meinen Mutteralltag zu integrieren sind. Ja, und plötzlich läuft alles ganz wunderbar: Ich arbeite, ich verdiene Geld. Und ich habe trotzdem Zeit für die Familie.

Jeden Tag hole ich die Kleine selbst vom Kindergarten ab. Ich bin flexibel: Ich kann meine Mutter zum Arzt begleiten, wenn das nötig ist, und den Jungen zwischendurch abfragen, wenn es sein muss.

Ich habe echtes Glück: Ich kann mir Aufträge aussuchen, die mir Raum lassen für ein Familienleben. Es ist nicht nur Glück: Hätte ich zuvor nicht so viele Jahre hart gearbeitet, dann wäre ich jetzt nicht in so einer privilegierten Situation, mir die Aufgaben aussuchen zu können. Dann müsste ich mehr kämpfen und mich mehr bemühen, um überhaupt Aufträge zu bekommen. Ich habe es mir also auch ein bisschen verdient, das Glück.

Und ich genieße das Feedback. Ehrlich gesagt, ist es nicht gerade gigantisch, kein Vergleich zu früher. Aber immerhin. Einmal zum Beispiel bekomme ich eine Mail von der Redakteurin, die den kleinen redaktionellen Internetblog, den ich schreibe, einrichtet; sie teilt mir mit, dass meine Texte sehr oft angeklickt werden und ich bitte so weitermachen soll wie bisher. Ich freue mich mindestens zwei Wochen lang darüber. Das liegt daran, dass ich so lange keine Erfolgserlebnisse mehr hatte.

Manche Freundinnen erklären, sie könnten nicht von zu Hause aus arbeiten, denn dort müssten sie ständig aufräumen und saubermachen und kämen kaum zu etwas anderem.

Zugegeben: Es ist wirklich nicht leicht. Man muss sich schon ganz schön disziplinieren. Ich schaffe das nur mit großer Mühe.

Es geht so: Morgens lässt man das Frühstücksgeschirr konsequent stehen und stellt allenfalls die frische Milch und die Butter in den Kühlschrank. Wenn dann die Kinder in der Schule und im Kindergarten sind, reißt man sich zusammen und geht der Waschmaschine und dem Geschirrspüler aus dem Weg, denn sonst kommt man in Versuchung, irgendetwas hineinzustopfen oder einzuräumen, nur ganz schnell. Und ehe man sich's versieht, ist man mittendrin in der Hausarbeit.

Wenn man sich zum Mittagessen etwas brät, vermeidet man, danach die Pfanne oder den Herd zu säubern, und schiebt zum Essen das alte Frühstücksgeschirr zur Seite. Danach lässt man selbstverständlich einfach alles stehen und verzieht sich an den Schreibtisch. Und wenn die Katze eines der halbvollen Gläser umstößt, die da den ganzen Tag herumstehen, oder auf den Wäscheständer mit der seit Tagen trockenen Wäsche springt, so dass der umfällt, dann zuckt man bei dem Krach höchstens zusammen, rührt sich aber nicht vom Fleck. Man atmet tief durch und arbeitet einfach weiter.

Eingekauft wird jetzt nur selten und nur wenig: Milch, Brot, Wurst und Käse, Oliven, Obst. Denn ich koche abends gar nicht mehr, wir essen kalt. Das macht viel weniger Arbeit.

Kurz vor dem Essen mache ich Ordnung – nur das Allernötigste. Ich bügle auch nicht mehr, das macht mein Mann jetzt selbst.

Ja, die freiberufliche Arbeit will gelernt sein – wie alles im Leben. So fällt es mir zum Beispiel lange Zeit außerordentlich schwer, meinen Bürokram zu erledigen, also Rechnungen zu schreiben und Quittungen zur Abrechung der Umsatzsteuer für den Steuerberater zu sortieren – solche Dinge. Denn irgendwie habe ich immer das Gefühl, das ist verlorene Zeit, die mir kein Mensch bezahlt. Das sind die Momente, in denen ich die Festangestellten jetzt ein bisschen beneide: Die können ihre Spesenabrechnungen in der bezahlten Arbeitszeit machen, und ihr Gehalt fließt in der Zeit weiter, ebenso wenn sie mit Kollegen plaudern oder Privatgespräche führen.

Ich bekomme nur Geld für hundertprozentiges Output. Das bedeutet: Rumtrödeln bei der Arbeit kann ich mir nicht erlauben. Das fordert mich ganz schön, nachmittags bin ich dann – im wahrsten Sinne des Wortes – fertig.

Wenn ich aber anschließend draußen sein kann mit den Kindern, mit den vielen Freundinnen und Bekannten, die mich seit meiner Hausfrauenzeit begleiten, kann ich ganz gut auftanken.

Noch eines muss ich lernen: Wenn die Kleine da ist, kann ich so gut wie gar nicht arbeiten. Ab und zu versuche ich es doch, zum Beispiel, wenn sie gerade ihre Freundin zu Besuch hat oder ihre liebste Serie im Fernsehen guckt. Wenn ich den Boden wische oder Wäsche aufhänge, dann lässt sie mich dabei immer in Ruhe. Doch wehe, ich schalte den Computer an! Dann kommt sie alle paar Minuten ins Zimmer gerannt. Sie hat eben einfach eine Aversion gegen Arbeit.

Die meiste Zeit merkt sie es aber gar nicht, dass ich jetzt keine Hausfrau mehr bin. Ihr Alltag wird davon kaum berührt. Klar, jetzt hole ich sie manchmal später vom Kindergarten ab. Ich muss allerdings zugeben, dass sie das ganz gut findet. Manchmal, wenn ich ihr – und mir – früher eine Freude machen wollte und ganz zeitig dort aufkreuzte, war sie stocksauer, weil sie mit ihren Freundinnen weiterspielen wollte. Am besten fand sie es immer, zur selben Zeit wie ihre beste Freundin abgeholt zu werden – so um halb fünf. Denn es stimmt zwar, dass Mütter für Kinder in dem Alter wahnsinnig wichtige Bezugspersonen sind – andere Kinder sind aber oft mindestens genauso wichtig.

Häufig kann ich jetzt sogar bis um sechs arbeiten. Denn die Kleine kommt in das Alter, in dem Kinder sich permanent privat mit Freunden verabreden. An solchen Tagen muss ich sie nicht so früh im Kindergarten abholen. Dafür mache ich dann Programm, wenn sie eine Freundin zu Besuch hat.

Schwieriger ist es jetzt manchmal mit dem Großen: Oft habe ich einfach zu wenig Zeit, mich um seinen Schulkram zu kümmern. Und die Hoffnung, dass er das endlich mal allein auf die Reihe bekommt, muss ich ziemlich bald aufgeben. Wenn ich nicht aufpasse, wird vieles nur schlampig erledigt und einiges vergessen.

Es dauert nicht lange, und es kommen die ersten Vierer. Dann bekommt er eine Vier minus in Latein und auch noch eine Fünf in Mathe. Und das nur, weil ich mal ein paar Wochen nicht so hinterher war. Die Schule ist eine echte Plage! Weiß der Himmel, wie das alles zu schaffen sein soll, wenn man als Mutter berufstätig ist. Es ist ja schon schwer genug für Hausfrauen!

Einmal, als er wieder mal eine Mitteilung von einem Lehrer bekommt, weil er Hausaufgaben vergessen hat, und ganz zerknirscht damit in der Küche steht, wird mir mit einem Schlag klar, was das Problem ist: Er ist eigentlich noch ein ganz kleiner Junge. Man merkt das nur nicht wegen des Stimmbruchs und weil er Schuhgröße 41 trägt und cool durch die Gegend schlurft. Doch tatsächlich muss man ihn bei vielen Dingen an die Hand nehmen, denn er ist oft überfordert.

Also schreibe ich Tagespläne, und er muss täglich ankreuzen, was er erledigt hat: Hausaufgaben. Vokabeln abschreiben. Vokabeln lernen. Nebenfächer für den nächsten Tag vorbereiten. Schultasche packen. Zimmer aufräumen. Schildkröte füttern. Geige üben. Vokabeln kurz wiederholen. Und so weiter.

Es ist ganz schön viel. Aber mit dem Plan geht es etwas besser. Und vielleicht sollte ich ihm mal ein paar Nachhilfestunden organisieren. Leisten könnte ich es mir ja jetzt.

Einmal kommt er in mein Arbeitszimmer geplatzt: »Ich muss dir was sagen.«

Ich zucke zusammen. Wieder eine schlechte Note?! Nein, diesmal zum Glück nicht.

»Ich find's gut, dass du hier arbeitest und nicht ins Büro gehst. Dann bist du immer da«, sagt er und zieht wieder ab.

Ich sage ja: ein ganz kleiner Junge.

✶

Natürlich könnte auch mein Mann sich wieder intensiver einbringen und sich mehr um das Kind kümmern. Und er könnte öfter mal putzen und einkaufen und Wäsche waschen. Schließlich arbeite ich jetzt wieder. Und als Zugabe bleibt die ganze Arbeit zu Hause auch noch an mir hängen.

Vielleicht ist er einfach etwas überfordert: Erst sollte er ein ganz moderner Mann sein und sich alles mit mir teilen. Dann, als ich damals Ressortleiterin war, musste er noch moderner werden und neben seinem Job die Hauptverantwortung für die Kinder übernehmen.

Nach einiger Zeit aber überlegte ich mir alles ganz anders und verlangte das komplette Gegenteil, nämlich dass er sich ins tradierte Rollenmodell einfügt und Alleinverdiener ist. Und kaum ist auf diese Weise ein Jahr ins Land gegangen, beschwere ich mich, weil er sich nicht sofort wieder in den ultramodernen Mann zurückverwandeln lässt, der ganz selbstverständlich die Hälfte der Hausarbeit auf sich nimmt. Eigentlich muss man da als Mann eine Identitätskrise bekommen.

Eine Krise hat er aber nicht, er hat sich nur einfach an den für ihn bequemsten Weg gewöhnt: dass ich mich hundertprozentig um Kinder und Haushalt kümmere. Faulheit ist eben schwer zu besiegen.

Im Prinzip will er schon mit anpacken. Wenn er mich jetzt freitags den Hausputz machen sieht, bekommt er gleich ein schlechtes Gewissen.

»Das Bad und das Klo musst du nicht saubermachen«, sagt er, »das mache ich morgen, und dann bringe ich auch das Altglas weg und wische die Balkone.«

Doch leider kommt ihm immer etwas dazwischen: das schöne Wetter, eine Verabredung, ein Stadtbummel oder eben – die Faulheit.

Und schließlich geht die Sache den bei Paaren üblichen Gang: Ich meckere, weil er nichts tut, und er sagt, ich meckere dauernd, da hätte er ja gar keine

Motivation mehr, sich in irgendeiner Form einzubringen, und tut weiterhin nichts.

Und da suche ich mir eines Tages endlich eine Putzfrau.

»Bis die Putzfrau das erste Mal kommen kann, tue ich gar nichts mehr«, kündige ich an. Es ist eigentlich nur als Witz gemeint.

Doch plötzlich – ich sitze gerade im Wohnzimmer und schaue mir einen Film an – höre ich etwas rumoren: Mein Mann wischt die Küche. Freiwillig! Denn, so sagt er: »Ich habe keine Lust, morgen früh schon wieder diesen Dreck überall zu sehen. Da dachte ich, ich mache jetzt einfach mal sauber.«

Nun, das hätte ich auch leichter haben können, zum Beispiel, wenn ich die ganze Zeit über fauler gewesen wäre.

Und dann ist sie endlich da, Mathilda aus Polen. Und als sie wieder geht, ist das ganze Haus blitzsauber und unsere Beziehung wieder im Lot, und wir schwören uns: Nie wieder wollen wir ohne eine Mathilda sein.

*

Nein, das Putzen und Schrubben vermisse ich keine Sekunde lang, ich konnte mich nie recht dran gewöhnen. An manchen Tagen habe ich es richtig gehasst.

Die Hausarbeit war der unerfreuliche Teil am Dasein als Hausfrau. Ansonsten hat es mir aber bestens gefallen: Es war schon ein großer Luxus, den Tag so gestalten zu können, wie es mir passte. Und abends ruhig einschlafen zu können, in der Gewissheit, dass auch der nächste Tag recht entspannt ablaufen wird –

ganz ohne Arbeitsdruck und Jobtermine. Die sind nämlich viel belastender als »das bisschen Haushalt« und die Kindererziehung.

Insgesamt war es eine gute Zeit, mein Jahr als Hausfrau, noch mehr als das: Es hat meine Sichtweise auf das Leben verändert.

Der Weg führte über gefühlte 8000 Stunden am Bügelbrett, einen insgesamt rund 1000 Meter hohen Schmutzwäscheberg und etwa 500 polierte Badewannen. Am anderen Ende begegnete ich: mir selbst. Einer Frau, die sich lange Zeit verbogen hat, um einem Leistungsdenken gerecht zu werden, bei dem ihre eigentlichen Bedürfnisse zu kurz kamen. Und die dann zum Glück doch noch die Kurve gekriegt hat, um zu erkennen, was sie wirklich will: genügend Zeit für Familie, Freunde und sich selbst.

Gelernt habe ich, dass mir das, was üblicherweise eine Karriere genannt wird, nicht mehr wichtig ist. Dass ich lieber mit weniger Geld auskomme als mit weniger Freiräumen. Dass mir flexible Arbeitszeiten wichtiger sind als die Anerkennung, die man erfährt, wenn man in einer Firmenhierarchie aufsteigt.

Die Freiheit des Hausfrauenlebens hat mir gutgetan – nun mag ich das starre Zeitkorsett, in dem man als festangestellter Berufstätiger steckt, nicht mehr ertragen. Und ich muss es auch gar nicht. Das habe ich erkannt. Von daher ist das Experiment absolut geglückt.

Mein altes gestresstes Leben vermisse ich nie. Mittlerweile weiß ich meine ehrgeizigen Jahre rückblickend aber wieder zu schätzen, als eine Zeit, in der ich mich erproben und beweisen konnte. Sie haben mir viel persönliche Selbstsicherheit gebracht, diese erfolgreichen Jahre. Ohne diese Selbstsicherheit hätte ich es vielleicht gar nicht geschafft, das Hamsterrad an einem Punkt einfach anzuhalten, rauszuklettern und mir die Beine zu vertreten.

Noch etwas habe ich erkannt in dem Jahr als Hausfrau: Es waren hauptsächlich die Rahmenbedingungen, die mich an meiner Arbeit gestört haben. Seit ich diese aber verändert habe, arbeite ich wieder richtig gern. Am liebsten schreibe ich nachts, wenn die Kinder schlafen und es still im Haus ist. Manchmal reiße ich mich nur vom Computer los, weil die Uhr schon nach Mitternacht anzeigt. Dann würde ich am liebsten weitermachen, denn ich habe echte Freude daran. Weil ich dabei das Gefühl habe, etwas zu tun, was mir entspricht und bei dem ich mich entfalten kann. Und so soll es sein, finde ich.

In letzter Zeit begegnen mir immer öfter Leute – darunter besonders oft Männer –, die sich wünschen, sie könnten ebenfalls beruflich kürzertreten, um mehr Zeit für ihre Kinder und fürs Privatleben zu haben. Viele klagen dabei, dass dies in ihrem Fall aber unmöglich wäre: Mal wegen des Darlehens fürs Eigenheim, dass sie nur abbezahlen können, wenn sie weiterhin viele Überstunden machen. Mal, weil ihre Frauen gar nicht oder nur sehr wenig arbeiten, so dass die ganze finanzielle Last auf den Schultern der Männer liegt.

Bei uns ist das anders, denn wir verdienen beide, zum Glück. Doch wir verdienen nicht mehr, als wir brauchen. Ein eigenes Haus werden wir uns auf diese Weise kaum je leisten können. Aber das macht nichts, wir wollten sowieso keines.

In meiner Lieblingskneipe steht im Waschraum ein

Spruch an der Wand. Er ist ein wenig abgedroschen, wie bei Klo-Sprüchen nicht anders zu erwarten. Trotzdem finde ich, dass er meine heutige Einstellung zu den Dingen treffend beschreibt. Er lautet:

»Wir arbeiten, um zu leben – wir leben nicht, um zu arbeiten!«

✶

Das Beste an meiner neuen Tätigkeit als Freiberuflerin ist übrigens: An manchen Tagen arbeite ich gar nicht. Dann kann ich meinem Sohn intensiver bei den Schularbeiten helfen, und mit meiner Tochter unternehme ich kleine Ausflüge ins Museum. Manchmal setzen wir uns, einfach so, an einem Wochentag nach dem Kindergarten ins Kino in eine Kindervorstellung. Ungefähr einmal pro Woche gehen wir alle drei zum Schwimmen ins Hallenbad. Und oft machen wir es uns einfach nur zu Hause gemütlich.

An diesen arbeitsfreien Tagen koche ich richtig schön, oder wir backen zusammen Kuchen. Manchmal lese ich beiden Kindern dann noch lange vor, zum Beispiel Michel aus Lönneberga, da kann die Kleine schon folgen und der Große sich immer noch darüber amüsieren.

Und mein Sohn und ich spielen auch weiterhin oft Federball auf der Wiese beim Spielplatz hinterm Haus, während die Kleine auf ihrem Fahrrad ihre Runden um uns dreht. Dann ist alles ganz so, wie es in meinem Leben als Hausfrau war: schön!

Brett Paesel

Club der wilden Mütter

Das Leben zwischen Windeln, Sex und Margaritas

Aus dem Amerikanischen von Catrin Frischer | 336 Seiten | Softcover mit Schutzumschlag | ISBN-13: 978-3-547-71120-2 | ISBN-10: 3-547-71120-7

Ich bin eine Mutter – holt mich hier raus!
Als Brett Paesel schwanger wird, ahnt sie, daß die wilden Zeiten als Party-Girl in Hollywood vorerst vorbei sind. Bei einem hippen Schwangeren-Yoga-Kurs muß die Schauspielerin dann erkennen, daß sie mit den glamourösen Stars und Starlets, die auch mit kugelrundem Bauch noch sportlich und sexy sind, nichts mehr gemeinsam hat. Sie interessiert sich nicht im geringsten für die perfekte Hausgeburt, und statt Mantren zu singen, will sie lieber einen Schokoriegel. Es muß doch noch ein Leben neben Windeln, Bäuerchen und Krabbelgruppen geben! Wie gut, daß sie mit dieser Meinung nicht alleine steht ...
Witzig, selbstironisch und mit viel Biß schildert Brett Paesel ihre Selbstzweifel als junge Mutter, ihre Versuche, trotz Schlafentzug und Keksorgien in Form zu bleiben, und ihre immer größer werdende Liebe zu ihrem Kind.